나를 찾아
붓길을 따라서

나·를 찾아 붓길을 따·라·서

범주스님의 구도 여정

운주사

선묵만행도

선묵일여禪墨一如를 향한 구도의 여정

선화란 무엇인가?

선화禪畵는 선의 시각적 표현이다. 깨달음은 언어로 나타낼 수 없다 … 곧 불립문자不立文字를 강조하는 선은, 생각 이전의 날것을 알아채는 작업이다. 흔히 선이라고 하면 좌선이나 화두 또는 선문답 등을 떠올리기 마련이다. 하지만 이것들은 선의 일부에 지나지 않는다. 선禪이란 한자는 '터를 닦는다'는 뜻에서 유래했다. 결국 선은 본래의 청정한 마음자리인 동시에 청정한 마음자리를 밝히는 일이다. 본래 마음자리란 일체의 집착과 위선을 벗어던진 순수한 의식이다. 걷고 머물고 앉고 일어나고 눕는 지금 이 순간의 마음을 가리킨다. 자기가 태어나 이제껏 일궈온 터, 마음의 본바탕이 바로 선이며, 그것을 똑똑히 관찰하는 일이 바로 수행이다. 요컨대 자기의 '꼴'만큼을 붓끝으로 드러내는 것, 이것이 곧 선화다.

선화의 특징을 빗댈 때 으레 '일필휘지'라는 말을 쓴다. 마음에 떠오른 표상으로 한 번에 휘갈겨 쓰는 것이다. 낙서라는 악의 섞인 오명을 들을 수도 있다. 그러나 찰나에 떠오른 마음의 살아있는 결을 화폭에 고스란히 담으려면 도리가 없다. 성이 안 찬다고 또는 남 보기 부끄럽다

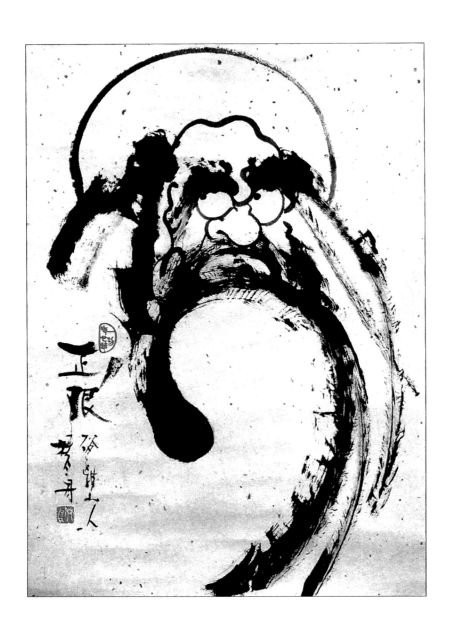

달마도

고 개칠하는 순간, 본래의 마음자리는 탁해지고 만다. 탐욕과 분노, 어리석음에 마음이 헝클어지듯 가식이 끼면 선화가 아니다. 본래 마음자리는 공空한 법이다. 완벽한 허무는 곧 완벽한 충만이다. 선화는 이를테면 무한한 허공에 솔잎 하나 날리는 심정으로 그림을 그리는 것이다. 최소한의 움직임으로 최대한의 세계를 표현하는 것이다.

선화는 마음의 표현인 동시에 발견이다. 즉 본래 마음자리를 알아챌 수 있는 요긴한 방편인 셈이다. 선화는 손끝이 아니라 마음으로 그린 세계다. 또한 선화는 구도정진의 수단으로서만 정당성을 지닌다. 돈벌이 속셈으로 대충 휘갈긴 그림을 선화라 할 수는 없다. 오로지 마음을 보고 마음으로 붓을 쥐고 마음을 종이에 얹어야 한다. 가부좌를 틀고 기필코 화두를 타파하겠다는 각오로 붓을 들어야 한다. 정진하는 자세로 그려야 한다. 잘 그리려는 생각으로 초조하면 손이 떨려서 그림이 되지 않는다. 붓이 잡히지 않는 날이면 참선정진에 임한다. 그래야만 다시 붓을 잡을 때 삼매의 경지를 느낄 수 있기 때문이다. 무엇보다 선화를 평생토록 그리고 싶다면 평상심을 지켜야 한다. 계율이란 자기제어의 다른 말이다. 마음을 놓지 않는 것이 계율이다. 계상에 떨어진 소승계가 아닌 대승계, 심지계를 지켜야 한다. 십중대계는 화두일념이 되었을 때만이 모두 지켜지게 된다. 무심이 되어야 하며 무심이 곧 평상심이다.

짙은 먹물로 큼지막하게 휘갈긴 '佛(불)'이나 '禪(선)', 잔뜩 웅크린 채 어딘가를 노려보는 달마대사의 초상, 우리가 흔히 접하는 선서화의 예들이다. 깨달음을 시로 표현한 것이 선시禪詩라면 선화禪畵는 붓글씨

달마도 퍼포먼스

나 그림을 매개로 본성의 에너지를 나타낸다.

본래 마음이 곧 부처(卽心卽佛)이니 지금 이 순간의 마음을 고스란히 붓끝에 옮기는 것이 관건이다. 단박에 쓰고 그려내는 일필휘지는 만져질 듯 살아있는 마음을 그리는 일이기에 기운차고, 눈치 안 보고 나만의 마음을 그리는 일이기에 독특하다. 그래서 진실하다.

선서화는 여백과 함축의 미학적 결정체다. 단 한 번의 붓질로도 불법을 드러낼 수 있음을 증명한다. 청정한 마음을 화폭에 풀어낸 상相은 그대로 참된 법의 작용이 되는 것이다. 최소의 몸짓으로 최대의 세계를 보여주는 일이다. 무법無法의 법이자 무성無聖의 성이다. 우주 법계와 근본자성이 더불어 있는 활활자재活活自在한 생명의 표현이 바로 선서화다.

시중에 떠도는 달마도는 부지기수다. 옥석을 가려야 선서화에 대한 그릇된 편견에 빠지지 않는다. 마음의 '실사實辭'인지 아니면 '복사複寫'인지를 살펴야 한다. 수행으로 밝힌 불성佛性을 종이에 반영한 것인지, 아니면 돈벌이를 위해 남들이 좋다는 그림을 천편일률적으로 베껴낸 것인지 명확하게 선을 그어야 한다.

참선과 마찬가지로 선서화도 하나의 수행이다. 수행으로 얻은 자신의 근기만큼만 제대로 된 그림을 그릴 수 있다. 선서화는 마음을 표현할 때에 적절한 수단이거니와 마음의 발견에도 한 몫 한다. 경허스님, 만공스님, 경봉스님, 송담스님 등 수행에서 한 소식 이뤘다는 큰스님들이 하나같이 빼어난 선필을 갖고 있었던 것이 실례다. 선의 목적은 참나(眞我)를 깨닫는 데 있으므로 선묵은 붓을 잡는 사람에게는 구도의 길이 되고 보는 사람에게는 마음을 비우는 공부에 도움이 되어야 한다.

마음을 단박에 그려낸 터라, 고승들의 선서화는 이해하기 어렵다는 볼멘소리도 들린다. 붓끝에 이글대는 도의 경지를 따라잡을 수 없기 때문이다. 그러므로 그림을 그리는 기술에나 그림을 감상하는 안목에나 치열한 수행이 필요한 것이다. 나의 붓끝을 벼린 건 수행이다. 무념 일필 속에 계정혜가 다 갖추어진다.

불립문자不立文字. 선사들은 언어와 고정관념의 노예가 되지 말라고 재우친다. 선서화 또한 생각과 분별 이전의 본바탕을 알아채는 작업이다. 남의 마음 혹은 그럴듯한 모습이 아닌, 여기 생동하는 자신의 마음을 그리니 일반인들에겐 파격으로 비치기 십상이다. 선미禪味나 선기禪氣를 찾는다고 해서 특정한 유형을 추구한다면 그것은 곧 상相을 짓지 말라는 불가의 가르침을 위배하는 일이 된다. 선화는 상을 통해서 상 없는 곳으로 들어가는 길이다.

수행의 목적은 '고정된 자아의 모습은 없음(無我, 무아)'을 깨우치는 것이다. 불성은 생각이 끊어져야만 비로소 체험할 수 있다. 곧 불성이란 어디에도 묶이지 않고 집착하지 않고 머무르지 않는 자유로움이다. 제대로 된 선화가는 지금 이 순간 흐르고 있는 마음을, 불성을, 자유를, 솔직하게 순식간에 그려낸다.

내용과 형식이 그런 것처럼 선서화의 소재도 자유롭다. 깨달음의 경계를 나타낸 게송偈頌 구절이나 역대 선승들의 모습에서부터 산, 물, 꽃과 같은 풍경과 자질구레한 일상의 사물까지. 핵심은 산을 그리면서 스스로 산이 되어야 한다는 것이다. 무기교의 기교로써 '나'라는 비좁은 굴레를 벗고 무심으로 자연과 일체가 되어야 한다.

선화란 얼핏 무의미하게 보이지만 참다운 것들을 그리는 일이다. 더불어 자기 자신에 대한 끊임없는 갱신이 전제되어야만 도달할 수 있는 경지다.

선의 정신을 전달하는 수단으로 감각적인 느낌의 채색화보다 수묵화를 선호한다. 형태에 있어서도 지극히 단순화 한다. 선기 직참을 그림으로 가시화하기 위해서는 발묵법과 감필법이 사용된다. 무념무욕의 상태에서 표현된 자연스러움, 선화는 무념으로 들어가기 위한 도구이며 방편이다. 그림 속에서 풍기는 기운이 무념의 향기를 통해서 보는 사람의 마음을 정화시키는 작용을 하게 된다.

선화를 하기 전에 먼저 마음을 비우는 수행이 전제되어야 하며, 수행 정진을 통한 순수 에너지를 만났을 때 깨어 있음의 기능이 일어날 수 있다. 이 것이 문인화와는 질적으로 다른 점이다. 무심필의

달마도

담담하고 자연스런 순수함이 선묵화의 특성이다. 교화를 할 수 있는 작품 속에 화가의 내면적, 선적 깨우침과 미학이 담겨 있어야 하며, 맑은 선기로써 감상자를 미적 관조 체험으로 일깨울 수 있는 예술적인 격조와 작품의 질도 내포하고 있어야 한다.

언어나 그림은 중생의 근기에 따라 사용되는 교화 방편일 뿐 추구해야 할 진리 자체는 아니며, 그림 속에 구현된 선의 정신이 더 중요하다고 본다. 내용이 없고 선기가 부족한 손재주만의 달마도 제작은 지양되어야 한다.

선화, 선음악, 선무용 등은 현대인의 정신적 갈등과 불안, 물질적 소유 욕구에 따른 정신적 스트레스를 해소하고 심신을 치유할 수 있는 무한한 가능성을 갖고 있기 때문에, 현대인의 힐링 방법으로 폭 넓은 관심과 연구가 필요하다고 본다.

지난 세월을 더듬어 회상해보니, 이처럼 고희가 넘도록 잘 살아온 것이 모두 고마운 인연들 덕분인 것 같다. 세속에서는 역시 부모님 은혜가 가장 크다. 자식들의 장래를 위해서 모든 것을 포기하고 월남하지 않았더라면 어떻게 불법을 만나고 승려가 되어서 수행을 할 수가 있었겠는가?

아버님께서는 한방 양방을 겸하신 의사로서 책임감이 강하셨다. 어느 술자리에서라도 딱 한 잔밖에 드시지 않으셨다고 한다. 의사는 언제 환자가 올지 모르기 때문에 항상 깨어 있어야 한다는 의사로서의 정신이 철저하신 분이셨다. 어머님은 내가 달랑 편지 한 장 남기고 출가한 후에 마음병이 생겨서 고생을 하셨다. 미국에서 포교 활동을 하고 돌아올 때 '도인이 되어 부모님을 해탈시키려던 출가 때 마음'을 이루지 못한 죄송한 생각에 혼자 계신 어머님을 속리산 토굴에 모셨다. 비록 가난한 생활이었지만 노모님 말년에 마음만은 편안하게 10년쯤 사시다가 돌아가셨다. 내가 이 생에 부모님께 해드린 일은 하나도 없다. 은혜만 받고 용화선원 법보단에 두 분을 모셔드린 것밖에 없다. 언젠가는 은혜를 갚아 드릴 날이 오리라 믿는다.

출가 후에는 뭐라 해도 스승님의 은혜가 가장 깊다. 출가 초기 용화선원에서의 행자 시절, 예불이 끝나면 스승님은 나를 불러 매일 1시간씩 6개월 동안 법문을 해주셨다. 감성적이고 여리며 의지력이 강하지 못한 내가 퇴속하지 않고 50여 년 수행할 수 있었던 것은 수행자로서의 기본교육과 정법에 대한 확신을 심어준 덕택이라고 생각한다. 감사하고 감사할 따름이다.

전강 스님께 인도해주신 춘성 스님께도 감사드리고, 더불어 사형이신 송담 스님께도 감사드린다. 처음 선묵전을 열었을 때나, 미국에도 귀국하여 포교당을 개원했을 때 등 언제나 큰 힘이 되어 주셨다. 능력부족으로 포교당을 접게 된 후 죄송해서 자주 찾아뵙지 못하고 항상 미안한 마음만 품고 있다.

내가 LA 달마사 주지를 할 때와 달마선원 개원식 때 음성공양으로 많은 도움을 준 가수 송춘희 씨에게도 감사드린다. 또한 선 퍼포먼스가

산수만행도

인연이 되어 대중들과 희로애락을 함께 했던 미국 뉴욕대학 이선옥 교수님, 박찬수 조각장님, 강만홍 교수님, 피아니스트 임동창 님, 명창 박윤초 님, 무용가 마야 님, 최윤자 님, 심혜경 님, 동해소리 효성 스님, 풍류도 신현욱 원장님 등도 빼놓을 수 없다. 뜻을 같이 해서 도와주신 불교TV 성우 스님, 성해 스님, 주일 스님, 향봉 스님, 그리고 50여년 동안의 수행생활에 인연이 있던 많은 도반스님들, 병원에 입원했을 때 간병해준 진묵향, 법륜행, 광명장 보살님, 홍수로 인해 사찰이 크게 피해를 받았을 때 도와준 보현경 보살님, 회고록 출간에 애를 써준 반야성, 원만행 보살님, 김시열 운주사 사장님께도 감사드린다.

부디 이 생의 고마운 인연들이 세세생생 더욱 좋은 인연으로 이어지기를 기원하며, 그동안 인연 맺은 모든 분들께 엎드려 감사드립니다.

| 산수만행도

승도

회고록을 쓰기로 결심하다

지난 해 여름 나는 10여일 병원 신세를 졌다. 병의 전조는 재작년 10월 무렵부터 시작된 것 같다. 고희古稀 기념 전시회를 성황리에 마치고 난 즈음이었다. 큰일을 치르고 나니 완전히 녹초가 됐다. 산중의 화실에 틀어박혀 겨울과 봄을 보냈다. 늙은 몸으로 용맹정진에 몰입하다 보니 신열이 자주 올랐다. 답답한 기분을 풀어내자는 요량에 남해안의 섬들을 찾아 만행을 떠났다. 1주일가량 바닷바람으로 지치고 옹이진 마음을 씻어낸 뒤 속리산으로 돌아왔다. 인생의 황혼기는 그렇게 무난히 흘러가는 듯했다.

여행을 다녀온 뒤 며칠쯤 흘렀을까, 갑자기 소화가 잘 되지 않았다. 처음엔 그저 흘러가는 식체거니 싶었다. 대수롭지 않게 여겼다. 하지만 하루 이틀 지나면서 제대로 식사조차 할 수 없는 지경에 이르렀다. 가스가 조금씩 차오르던 뱃속이 어느 날엔 빵빵하게 부푼 고무공처럼 느껴졌다. 소화제를 아무리 먹어도 소용이 없었다. 끼니를 거르는 일이 잦아졌다. 그날도 속이 하도 거북해서 점심을 걸렀는데, 복부를 조여오던 팽만감이 통증으로 바뀌었다. 저녁나절이 되자 통증은 더욱 심해졌다. 창자가 뒤틀리는 느낌이었다. 칠흑 같은 산 속에서, 더군다나 아무도 없는 산 속에서 겪는 복통이란 여간 난감한 일이 아니었다.

부랴부랴 119에 전화해 구급차를 불렀다. 구불구불한 산길인지라 차가 올라오는데 애를 먹었다. 나를 태운 구급차는 경북 상주에 있는 성모병원으로 향했다. 응급실에서 진통제를 맞은 뒤 쉬고 있는데, 의사가 대뜸 CT 촬영을 권유했다. 처음엔 내키지가 않았다. 방사능에 노출되어 되레 건강에 좋지 않다는 이야기를 들은 적이 있었기 때문이다. 그러나 그것 말고는, 뱃속을 차근차근 들여다보고 통증의 원인을 규명할 수 있는 방법이 없었다. 한참을 망설이다 한번 찍어보기로 했다. '그냥 단순한 장염 정도겠지. 설마 큰 병이라도 걸렸겠어?' 스스로 위안을 했지만 상태는 의외로 심각했다. 위장 주위에 주먹 만 한 혹이 생겼고, 복막 안에 피가 고여 있다는 진단을 받았다. 의사는 "위험한 상황이니 지금 당장 큰 병원으로 가야 한다"고 재우쳤다.

상태가 위중하다는 말에 사뭇 당황스러웠다. 세찬 비바람이 치는 토요일 밤이었다. 나를 태운 앰뷸런스는 상주에서 서울까지 쏜살같이 달렸다. 간이침상에 누운 채로 물끄러미 바깥을 내다봤다. 창밖으로 물기를 머금은 가로등이 깜빡거리며 빠르게 스쳐갔다. 멍 하니 천장을 쳐다보고 있으면 오만 가지 생각이 다 들었다. 어둡고 스산한 밤길과 구급차의 다급한 경적소리, 그리고 간호사의 '호들갑'이 겹치면서 자못 불길한 예감이 들었다.

앰뷸런스는 2시간여 만에 서울 아산병원에 도착했다. 응급실은 위급한 환자들로 북새통을 이루고 있었다. 나는 몸속에 피가 적어 수술조차 할 수 없었다. 정상적인 혈액지수는 12~13인데, 나는 8이었다. 하는 수 없이 수혈을 하면서 꼬박 밤을 새웠다. 날이 밝자 나를 맡게 된

주치의가 찾아왔다. "상태가 어떠냐?"고 물어보는 나를 바라보는 그의 시선은 무거웠다. "수술 시기를 놓쳐버렸습니다." 종양에 있던 피가 흘러나와 복막 안에 번졌기 때문에 함부로 매스를 댈 수 없다는 것이었다. 그야말로 청천벽력이었다. 누군가가 망치로 머리를 내리치는 느낌이었다. '아, 이렇게 이번 생이 막을 내리는구나!' 황망하고 참담한 마음속으로, 지나온 70년의 추억들이 마치 영화필름처럼 스쳐갔다.

물론 생사로부터 자유로운 수행자에게 죽음이란 응당 거쳐야 할 통과의례와 같은 것이었다. 생사일대사生死一大事의 해결은 출가 이후 한 번도 잊은 적이 없는 일념이었다. 비록 하근기였으나 누구보다 열심히 참선수행에 임해 왔다고 자부한다. 영원한 생명인 나의 본성은 여여如如하며, 죽고 사는 것은 따로 오고 가는 것이 아님을 잘 알고 있었다. 생존에 대한 집착이란 덧없는 착각이자 부질없는 신기루임을 화두삼매를 통해 체험한 바였다. "수술도 할 수 없는 상태"라는 의사의 소견은 죽음을 망각하고 사는 속인들에겐 사형선고와도 같았겠지만, 내게 죽음에 대한 두려움 따윈 없었다. 다만 인연에 따라 벌여놓은 몇 가지 일들을 마치지 못하고 가야 한다는 것이 조금 아쉽기는 했다.

2년 전 건강검진을 받을 당시 위장에서 혹이 발견되기는 했다. 하지만 크기가 매우 작았거니와 통증도 없어서 무심히 지나쳤다. 그런데 무관심하게 방치하는 사이에, 이 혹이 점점 커져서 끝내 사단이 난 것이다. 더구나 안에서 피까지 흘러나왔다니 악성 종양을 의심할 수밖에 없었다. 정밀검사는 무려 5일 간에 걸쳐 진행됐다. 죽 한 숟가락 뜨지 못하고 링거 바늘을 팔에 꽂은 채였다. 삶과 죽음의 갈림길에서 나는 조금

설중매

긴장했다.

한편 병실에서는 희한한 경험을 하기도 했다. 내가 회고록을 남겨야겠다고 마음먹은 직접적인 계기이기도 하다. 2인실을 썼는데, 옆 침대에 누운 환자는 안타깝게도 3개월 시한부 선고를 받은 간암 말기 남성이었다. 간병하는 부인의 얼굴이 범상치가 않았다. 내가 스님인 것을 알고서 먼저 말을 걸어왔다. 이런저런 이야기를 나누던 도중 그녀는 자기 큰할아버지가 그 유명한 백용성스님이라고 했다. 백용성스님이 누구던가? 일제강점기 3.1운동 때 33인 대표의 한 사람으로서, 민족의 독립과 불교 대중화에 힘쓴 근대 한국불교 최고의 선지식 아니던가. 가만히 살펴보니 그녀의 얼굴이 어른과 얼핏 닮은 듯도 했다. "집안에 용성스님 외에 또 출가한 스님이 있느냐?"고 물었다. 그녀는 "한 명도 없다"며 한숨을 내쉬었다. 한국불교사에 길이 남을 고승을 배출한 가문이었지만, 부처님과의 희유한 인연은 그게 전부였나 보다.

불연佛緣과 영영 멀어진 그녀의 집안을 아쉬워하다가, 문득 지금까지의 인생을 정리해야겠다는 생각이 들었다. 돌이켜보면 23세에 출가해서 이제 72세가 되었으니 50년 가까운 세월이다. 모든 이의 인생이 그렇겠지만 반세기 동안 참으로 우여곡절이 많았다. 무엇보다 나는 먹물옷 입은 수행자로 평생을 살아왔다. 치열하고 다난했던 발심과 정진의 기록을 글로 남겨 놓는다면, 뒤에 오는 구도자들에게 조금이나마 도움이 되리라 자위하기도 했다. 병실에 그냥 누워 있으면서 시간을 허비하기보다는, 의미 있는 소일거리를 만들겠다는 마음에 어렵게 펜을 들었다. 기억을 조심스럽게 더듬어 들어갔다.

물론 미완성으로 끝날지도 모를 일이었다. 게다가 병약한 몸이어서 몇 줄만 써도 팔에서 기운이 쑥 빠졌다. 모든 것이 다 귀찮아져 결국 펜을 놓아버렸다. 기력을 회복해서 한 달간이라도 글을 쓸 수 있는 기회가 주어진다면! 상심한 마음을 접어두고 일단 건강부터 되찾아야겠다고 마음먹었다. 종합검사의 결과를 신중하게 기다리며 환자로서의 일상에 충실했다.

일생을 통틀어 병원에 입원한 것은 이때가 처음이었다. 10여 일 동안 병상에 누워 있으면서 이래저래 공부를 많이 했다. 환자들 가운데에는 유난히 삭발한 사람이 많았다. 처음엔 병원에 왜 이리 스님들이 많은가 갸우뚱했는데, 알고 보니 모두가 암 환자였다. 병원에서 사망하는 환자의 30퍼센트가 암으로 세상을 등진다고 했다. 나 역시 암이 의심되는 상황이었다.

병원에 있는 동안 암에 대해 새로운 사실도 알게 되었다. 모든 사람의 몸 안에는 평균적으로 5,000여 개의 암세포가 있다는 의사의 말에 사뭇 놀랐다. 다만 건강한 사람의 경우엔 암세포를 잡아먹는 T-임파구가 왕성하게 활동하는 터라 병으로 발전하지 않는다. 그런데 스트레스를 많이 받는 사람의 뇌에는 특정 유해 호르몬이 생산된다고 한다. 그리고 그것들이 오장육부에 악영향을 끼치고 면역력을 떨어뜨리면서 T-임파구의 활동을 둔화시킨다. 결국 T-임파구의 공격에서 자유로워진 암세포들이 마구 증식하면서 치명적인 질환으로 자라나게 되는 것이다.

월죽

암을 발병케 하는 근본적인 원인은 스트레스라고 말할 수 있다. 알다시피 한국사회는 스트레스로 녹초가 된 사회다. 물질적 풍요에 비례해서 사람들의 물질에 대한 욕망도 한없이 커져만 간다. 또한 무한경쟁의 체제는 극도의 이기주의를 낳았다. 양보할 줄 모르고 자족할 줄 모른다. '얼마나 소유했느냐'가 아니라 '얼마나 정신적으로 충만한가'를 가지고 사람의 됨됨이를 견주는 풍토가 조성되어야 한다. 자신이 받는 스트레스를 스스로 컨트롤할 수 있는 의식이 성숙하지 못한 탓도 크다. 가난하지만 여유로운 삶의 방식이 암을 예방하는 길이 될 수 있으리라 본다.

10여 일에 걸친 종합검사 끝에 드디어 병명이 밝혀졌다. 인구 10만 명에 한 명 꼴로 생긴다는 위장관기질종양, 이른바 기스트(Gist)라는 것이다. 의사들도 잘 모르는 병이란다. 운이 좋게도 악성종양(암)은 아니고 중성에 속하는 종양이었다. 위장이나 소장, 대장의 근육세포에 기생하는 혹이라고 했다. 커다란 고목의 줄기에 빌붙어 자라는 겨우살이와 같은 부류였다. 초기엔 아무런 통증이 없어서 발견하기가 어렵다. 이 혹이 커진 뒤 곪아터져 피가 나올 때쯤에야 CT촬영으로 포착할 수 있다. 다행히도 기스트 전문가가 이 병원(아산병원)에 있었다. 기스트를 표적 치료할 수 있는 특효약도 개발되어 있는 상태였다. 나는 비로소 안도의 한숨을 내쉬었다.

이번 생에 마쳐야 할 일들을 잘 마무리한 뒤에, 홀가분한 마음으로 오라는 부처님의 배려인가 싶었다. 저승의 문턱까지 갔다가 되돌아온 기분이었다. 행여 기스트를 잘 모르는 다른 병원으로 갔다면 어땠을까… 생각만 해도 아찔했다. 암으로 오인하고 개복수술을 하고 림프샘을 잘라내고 항암제를 투여하며 사람을 산송장으로 만들었을 텐데…. 신장神將님들의 인도로 이 병원에 오게 된 것 같다. 아무튼 기스트엔 확실한 치료제가 있었기 때문에, 나는 퇴원을 해도 되었다. 의사는 집에서 하루에 한 번씩 먹으면 된다며 약을 처방해 주었다. "중노릇, 그것도 선화禪畵를 하는 희한한 중노릇을 하며 한평생 살다 보니 이런 해괴한 업덩어리가 생기기도 하는구나." 혼잣말을 중얼거리며 쓴웃음을 지었다.

산으로 돌아가는 차안에서 지난날을 돌이켜 살펴보았다. '공기 맑고 물 좋은 데다 사람도 별반 찾아오지 않는 고요한 생활 속에, 스트레스도 별로 받을 일 없는 산중생활인데 어찌 이런 희귀한 종양이 생기게 되었는가?' 그리고, 오랜 세월 보존될 수 있는 작품을 만들겠다는 일념으로 옻칠과 선묵의 접목을 연구하는 3년 동안 옻칠 희석제의 독한 냄새를 마신 결과임을 깨닫게 되었다. 새로운 예술의 창조가 그만한 희생 없이 이루어지겠는가? 후회는 하지 않는다. 도구인 이 몸이 무너지기 전에 최대한 전체를 위해 활용하는 것이 후회 없는 인생을 사는 것이기 때문이다.

열흘 이상 죽 한술 뜨지 못했으니 살이 쏙 빠진 몰골이 되었다. 퇴원수속을 하고 약을 타서 병원을 나섰다. 마치 감옥에서 빠져나온 기분이었다. 내 밑에서 선화를 배우는 제자의 차에 몸을 싣고 속리산으로 돌아왔다. 대자연 속에서 유유자적하는 중노릇이 참으로 신선의 생활이었음을 새삼 절실히 깨달았다.

달마선원으로 돌아와 죽을 먹으면서 기운을 추슬렀다. 기력이 서서히 되살아났다. 얼마 남지 않은 여생, 이제부터는 한 치의 시간도 낭비하지 않고 뜻 깊게 삶을 마무리해야겠다고 거듭 다짐했다. 한 점의 회한이나 미련을 남기지 않도록 언제나 여여하게 깨어 있으리. 올곧은 수행자의 모습을 견지하다가 인연이 다하면 흔쾌히 몸을 벗으리. 병실에서 다졌던 마음을 다시 끄집어냈다. 회고록의 내용이 한 줄 한 줄 늘어갔다.

│ 산수만행도

목숨을 걸고 사선死線을 넘다

내 고향은 이북이다. 평안북도 강계에서 태어났다. 8남매 중에 7번째였다. 아버지는 한의사셨는데, 한의사를 하는 도중에 양방을 함께 익히셨다. 북녘에서 병원을 운영하셨다. 상당히 부유한 집안이었는데, 내가 세 살 때 부모님은 자식들을 데리고 월남하셨다. 공산주의 치하에선 도저히 살 수 없었기 때문이다.

나이가 너무 어렸던 때라 그 무렵이 정확히 기억이 나진 않는다. 그러나 나이가 들어 어른들이 나누던 이야기를 반추해보면, 참으로 격동의 세월이었다. 조국은 무려 35년에 걸친 일제강점기에서 벗어났지만, 해방의 기쁨은 잠시였다. 곧바로 남북이 분단되었고 38선 북쪽에는 소련군이 진주했다. 생긴 것도 무서웠던 그들은 군정軍政에 돌입하자마자 갖은 횡포를 부렸다. 오죽하면 그들에게 겁탈을 당할까봐 처녀들의 바깥출입 자체를 금할 정도였다. 이후 김일성을 중심으로 한 공산주의 정부가 들어서면서 상황은 더욱 심각해졌다. 공산당원들은 반동분자라는 명목으로 부자들의 재산을 전부 몰수했다. 체제를 비판하며 입바른 소리를 하던 지식인들도 곤욕을 치러야 했다. 인민재판으로 인해 수많은 사람들이 죄 없이 목숨을 잃어야 했던 시절이다. 일제강점기보다도 더 엄혹한 공포정치가 온 나라를 뒤흔들었다.

특히나 상류층의 인사들은 하루하루를 불안에 떨면서 지내야 했다고 한다. 다행히 내 부친은 해코지를 당하지 않으셨다. 평상시에 주민들에게 자비로운 인술을 펼쳐 모든 이들에게 두루 인심을 얻었던 덕분이다. 가난한 사람들에겐 돈을 받지 않고 치료를 해주시던 분이었다. 물론 극악무도한 위정자들이 언제 어떻게 돌변할지 몰라 하루하루가 가시방석이었다.

폭풍전야 같은 날들이 계속되던 어느 날, 아버지가 꿈을 꾸었는데 할아버지가 나타났다. 할아버지는 꿈속에서 "아무래도 너희들이 여기서 살기란 힘들 일일 터이니, 화를 입기 전에 빨리 남쪽으로 내려가라"고 간곡히 말했다고 한다. 그러나 어린 8남매를 데리고 국경을 넘는다는 건 여간 어려운 일이 아니었다. 자칫 한 사람이라도 군인들에게 발각이 되면 가족 전체가 감옥에 가야 했다. 그야말로 집안이 풍비박산할 것이 자명했다. 아버지는 결심을 내리지 못하고 몇날며칠을 전전긍긍했다. 이러한 아들의 심정이 안쓰러웠는지, 할아버지는 이후에도 세 차례나 더 꿈에 나타나 아버지의 결행을 독려했다. 마침내 아버지는 자식들의 장래를 위해서 집과 병원을 포기한 채 목숨을 걸고 월남을 하기로 결심했다.

당시 북한 정부는 여행의 자유마저 박탈했다. 주민들은 거주지를 떠나려면 나라로부터 허가를 받아야 했다. 아버지는 먼 친척을 만나러 가야 한다는 둥 딸이 아픈데 약을 구해야 한다는 둥 이런저런 핑계를 대어가며 당국으로부터 여행허가증을 받는 데 성공했다. 가족들에게 여행증을 일일이 나눠준 뒤 각자 기차를 타고 평양역에서 만나기로 약

| 산수만행도

속했다. 어렸던 나는 어머니가 등에 업었다. 평양역까지는 다들 무사히 도착했으나 그 다음이 문제였다. 평양까지만 여행 허가를 받은 터라 더 이상 남쪽으로 내려갈 수 없었던 것이다. 역무원은 무서운 눈초리로 검사를 받기 위해 길게 줄지어 선 여행객들의 허가증을 일일이 확인했다. 월남은 틀렸다는 생각에 가족 모두가 공포에 떨 수밖에 없는 상황이었다.

그런데 그때 정말 기적과 같은 일이 벌어졌다. 가족들 앞에 너댓 사람쯤 남았을까, 갑자기 행렬에서 얼마 떨어지지 않은 화장실에서 연기가 피어올랐다. 누군가 "불이야!"라고 소리쳐 외쳤고 허가증을 검사하던 공산당원이 화장실을 향해 뛰어갔다. 역사는 일순 난리통이 됐고 여행증 검사는 중단이 됐다. 결국 온 가족이 무사히 남쪽으로 가는 열차에 올라탈 수 있었다. 말 그대로 하늘이 도운 일이었다.

가족들은 가슴을 졸이면서도 다행히 아무 일 없이 38선 가까운 지역까지 다다를 수 있었다. 그러나 여기에도 최후의 관문이 기다리고 있었다. 목숨을 걸고 임진강을 건너야 하는 일이었다. 수많은 사람들이 도강渡江을 하다가 북한군의 총에 맞아 죽는 사건이 빈번하게 일어나던 시절이다. 오죽하면 이 강을 '한탄강'이라 불렀을까. 야간을 틈타 나룻배를 타고 강을 건너야 했다. 도강을 감시하는 초소가 곳곳에 있었다. 뱃사공에게 품삯을 주고 온가족이 두려움에 떨며 나룻배에 올랐다.

가족들은 행여 군인들에게 발각이 될까 두려움에 떨었지만, 강 하나만 건너면 자유를 얻을 수 있다는 희망에 부풀었다. 그런데 별안간 또 다른 난관에 부딪혔다. 뱃사공이 이르기를, 갓난아기는 배에 못 태운 다는 것이다. 뱃사공은 행여 아기가 울어서 들키기라도 하면 모두가 몰살을 당한다며 손사래를 쳤다. 그 갓난아기가 바로 세 살배기인 나였다.

백척간두의 상황에서, 나를 구한 건 어머니였다. 어머니는 아기가 울면 곧바로 물속에 던져버리겠다고 맹세했고, 겨우 뱃사공의 허락을 받을 수 있었다. 우여곡절 끝에 온 가족이 배에 올랐다. 나룻배는 시커먼 어둠 속에서 물결을 따라 남쪽으로 하염없이 흘러갔다. 몇 시간이나 흘렀을까, 먼동이 틀 무렵이었다. 부모님은 남한 땅에 거의 도착했음을 직감했다. 하지만 마지막 난관을 뚫어야 했다. 이제 다 건너왔구나 싶었을 때 돌연 뱃사공이 "배 아래에 바짝 엎드리라"며 다급하게 속삭였다. 국경선 근처에 있는 북한군 초소였다. 불행하게도, 서서히 날이 밝으며 시야가 훤히 트이던 시간대였다. 식구들은 자유를 눈앞에 두고 끝내 모두 죽고 마는구나 싶어 망연자실했다. 숨조차 쉬지 못하고 총소리만 기다리고 있었는데, 신기하게도 총성은 울리지 않았다. 남쪽 강변에 도착해서 알고 보니, 그때가 바로 초소병들의 식사시간이었다는 것이다. 또 한 번의 천우신조였다.

이렇게 기적 같은 일을 두 번씩이나 겪으면서 우리 가족은 무사히 월남에 성공할 수 있었다. 또한 기특하게도 갓난아기였던 나는 한 번도 울지 않았다고 한다. 온몸에 DDT 소독제를 뿌리는 것을 끝으로 모든 입국절차는 마무리됐다. 우리 가족은 비로소 자유대한의 품에 안길 수 있게 되었다. 70년 가까이 지난 지금도 그때를 생각해본다. 만약 월남에 성공하지 못했더라면, 내가 과연 불교와 인연을 맺을 수 있었을까. 더욱이 먹물옷을 입고 도를 닦을 수 있는 불은佛恩을 입을 수 있었겠는가. 실로 다행이고 다행이다. 전생에 오랜 불법수행의 공덕이 있어 무사히 남쪽으로 내려올 수 있었을 것이다. 세세생생을 거치며 나를 도와준 신장님들께 감사할 따름이다.

인생의 황금시절

해방 직후 대한민국은 고학력 인재가 매우 부족한 상황이었고 의사역시 마찬가지였다. 앞서 밝혔듯이 아버지는 의사였고, 그래서 남한에서도 수월하게 정착할 수 있으셨다. 월남에 성공한 아버지는 곧바로전라북도 면 단위의 보건소장을 맡게 됐다. 덕분에 가족들은 크게 호화롭지는 않았지만 의식주 걱정 없이 편안히 살 수 있었다.

어릴 적 내가 살던 지역은 그야말로 산골이었다. 친구들과 대자연 속에서 행복하게 뛰어놀며 초등학교 시절을 보냈다. 나는 평범하고 온순한 아이였다. 중학교는 전주 시내에서 다녔다. 운이 좋게도 전라북도에서 제일간다는 전주 북중학교에 입학할 수 있었다. 시골 벽촌 출신이 명문 학교에 간 걸 보니, 공부는 꽤나 잘했던 모양이다. 중학교 시절은 그다지 기억이 나는 게 없다. 그냥 평범한 학생으로 그저 학교생활에 충실했던 것 같다.

고등학교는 전주고등학교로 진학했다. 이때부터 여러 가지 운동에 관심을 가졌다. 기계체조, 권투, 유도, 태권도에 승마까지… 그 나이 또래 혈기왕성한 소년들이 좋아할 만한 운동은 거의 다 해봤다. 음악, 미술, 체육을 좋아했고 영어, 수학은 싫어했다. 인생의 본질에 대해 의문

중학교
고등학교

을 품게 된 것도 이즈음이다. 인간은 어디서 와서 어디로 가는지, 나는 누구인지 …… 스스로에게 물으며 골똘히 생각하는 시간이 많았다. 톨스토이 전집 등 인생철학이 소개된 책들을 닥치는 대로 읽었다.

고3이 되면서 인생의 본질에 대한 사유는 절정에 이르렀다. 사색이 깊어지면서 인생무상의 감정이 더욱 뼈저리게 느껴졌다. '어떤 식으로 살든, 삶이란 죽음을 향한 덧없는 질주일 뿐이다…' 뿌리 깊은 허무감에 학교공부에 대한 흥미를 완전히 잃었다. 세속을 멀리 떠나 방랑자가 되고 싶다는 생각도 강하게 일었다. 지금 와서 돌이켜보면 이른바 '도병道病'이 심하게 들었던 때가 아닌가 싶다.

끝내 1년간 휴학계를 내고 집에서 두문불출하며 지냈다. 조용히 칩거하면서 오로지 독서로 소일하던 날들이었다. 문학과 철학서를 위주로 탐독하면서 간간이 그림도 그렸다. 인생이란 무엇인가라는 도저히 알아낼 길 없는 고뇌는 예술을 향한 열정으로 승화됐다. 1년 동안 어찌나 많이 그렸는지 전시회를 해도 될 정도였다. 수십 장의 그림을 골라 전주에서 내 인생 최초의 전시회를 열었다.

전시회는 젊은 날 내 인생의 방향을 정하는 데 커다란 계기가 됐다. 미술을 진로로 선택했다. 3학년으로 복학해 다시 학교에 다니기 시작했다. 인생의 목표가 정해진 만큼 학교생활은 이전처럼 나태하지 않았다. 뎃상을 비롯해 기본적인 실기를 차곡차곡 익히면서 독하게 입시를 준비했다. 1년간의 고군분투 끝에 마침내 홍익대학교 미술대학 서양화과에 입학하는 영예를 누렸다. 인생의 황금기라 불리는 대학시절이 내게도 찾아온 것이다.

서울대 미대와 홍익대 미대는 우리나라 미술대학을 대표하는 두 명문이다. 두 학교의 특징을 단적으로 말하자면, 서울대는 교수를 홍익대는 작가를 많이 배출하는 곳이라고 할 수 있다. 곧 서울대 미대의 교육은 완고하다 싶을 만큼 보수적이고 규율이 엄한 편이었다. 반면 홍익대 미대는 매우 자유분방한 분위기였으며 학생들의 개성을 존중했다. 구속을 싫어하고 반항아 기질이 농후했던 나의 성품에는 홍익대가 제격이었다.

그 어떤 청춘에게나 그렇듯 대학생활은 나에게도 행복이었다. 누구보다 학교공부에 충실하면서도 과외활동에도 열심이었다. 미술이론이면 이론, 뎃상이면 뎃상, 유화면 유화, 최선을 다해 배우고 그렸다. 공강空講 시간엔 도서관으로 달려가 철학책을 탐독했다. 펜싱의 매력에 빠지기도 했다. 운동신경이 뛰어난 편이어서 학교 대표선수를 지내기도 했다. 무엇보다 다시 돌아오지 못할 청춘을 만끽하면서 치기도 부렸다. 명동과 신촌 거리를 활보하며 학사주점에서 예술과 인생을 논하면서 막걸리를 마시고 당구장에서 죽치기도 했다.

대학 펜싱대표 시절

그림 그리기에 몰두하고 한편으론 청춘의 자유와 낭만에 취하기도 하면서 인생은 무탈하게 흘러갔다. 그러다 3학년 2학기에 들어서 커다란 가치관의 혼란에 빠지고 말았다. 한 번은 한국 화단의 최고 대가라는 교수님과 일대일 면담을 가질 기회가 있었다. 예술에 일가를 이룬 분인 만큼 인생에 대한 지혜도 남다르리라 믿었다. 인간의 본질과 예술의 궁극적인 지향점에 관해 질문을 했는데, 실망이었다. 교수님은 "쓸데없는 생각 말고 그저 그림이나 잘 그리라"며 아무 것도 설명해주지 못했다. 다른 교수님들도 별반 다르지 않았다. 그들은 그림의 대가였을 뿐 정신세계의 대가는 아니었던 것이다. 문득 미술에서 자아정체성을 찾으려고 했던 나의 판단이 실수였음을 깨달았다. 인생의 근본적인 문제를 해결하겠다며 미술대학에 들어온 것은 잘못된 선택이었다.

젊은 날의 방황… 출가를 꿈꾸다

크게 낙담한 뒤로 나는 방황하기 시작했다. 아니 타락하기 시작했다. 주야장천 술꾼 주당들과 어울리면서 막걸리집을 전전했다. 인생은 무엇인가, 그 무엇을 나의 정체성이라고 자신 있게 말할 수 있을까, 어떻게 사는 길이 잘 사는 길인가…. 대답이 좀처럼 잡히지 않는 질문이 꼬리에 꼬리를 물었다. '열심히 그림을 그려서 대가가 된들 명예와 돈이야 얻을 수 있겠지만, 참다운 인생의 의미를 얻을 수 있는 건 아니지 않은가. 내가 나를 모르면서 어떻게 후회 없는 인생을 살 수 있단 말인가.' 순식간에 인생의 목적과 방향을 잃어버린 나는, 마치 망망대해를 떠다니는 쪽배 신세와 같았다.

울적한 마음에 종교 쪽에서 나침반을 찾아보기로 했다. 성당에 다니면서 성경공부를 해보았다. 하지만 가슴에 깊이 와 닿지가 않았다. 그저 '하나님'을 믿으라는 채근과 강요만 있을 뿐, 왜 믿어야 하는지에 대해선 속 시원하게 답해주지 못했다. 그러던 어느 날 우연히 한글로 해석한 『반야심경』을 읽게 되는 기회를 얻었다. 첫 구절을 읽는 순간, 쇠망치로 얻어맞는 기분이었다. 바로 이것이었다. 삼라만상의 존재 이치를 공空의 원리로 풀어내는 명쾌한 설명이 뇌리에 쏙쏙 들어왔다. 일체의 차별과 편견의 세계를 벗어나 모든 것으로 포용할 줄 아는 공의 세계에 들어가 주체적이고 지혜롭게 살라는 가르침에, 마음속엔 희망과 기쁨의 꽃이 한아름 피어났다. 이후 불교서적을 닥치는 대로 구해서 열독했다. 숱하게 번민하고 방황하며 찾아 헤맸던 인생의 길이 불교 안에 들어 있음을 직감했다.

『반야심경』에 감동한 나는 불교를 좀 더 구체적으로 공부하고 싶어졌다. 나와 같은 대학생 신분으로 함께 모여 불교를 공부하고 있다는 한국대학생불교연합회(대불련)를 찾아갔다. 조계사 뒤편에 사무실이 있었다. 당시는 대불련 창립 초기로 조계종의 기관지인 대한불교(현 불교신문) 발행인이었던 이한상 거사가 중심이 되어 이끌고 있었다. 지도법사는 조계종 종정이었던 청담스님이었다. 지도교수였던 박성배교수를 비롯해 창립 멤버였던 정창렬, 명호근, 김금태, 김기중, 이용부 등 도반들과 인연을 맺게 되었다. 대불련에 가입하니 마치 고향에 돌아온 기분이었다. 6개월간 이어졌던 방황을 마치고 비로소 본래자리로 돌아와 수행에 몰입할 수 있었다.

구도의 길은 힘들었지만 보람찼다. 청담스님의 법문을 들으러 서울 우이동 도선사에 자주 올라갔다. 도선사 참회도량에서 3,000배 참회기도를 밤새워 하기도 했다. 3,000배를 마치면 무릎이 아파서 걷기조차 힘들었다. 먼동이 틀 무렵 거의 기다시피 해서 도봉산을 내려왔다. 그래도 행복했다. 학교수업을 마치면 불교공부에 빠져서 그렇게 한 학기를 보냈다. 내가 직접 나서서 학내 불자들을 모아 대불련 홍익대 지회를 창립할 만큼 열성적인 불자가 되어 분주히 뛰어다녔다.

해인사 대불련 여름수련회

여름방학이 왔고 대불련 수련대회가 합천 해인사에서 열렸다. 10일 간의 수련대회에는 불교계의 기라성 같은 실력자들이 나서서 학생들에게 불교를 가르쳤다. 우리 시대 최고의 법사였던 법정스님과 해인사 율주律主 일타스님, 이밖에 홍정식, 이영무, 박성배 교수까지. 특출한 수행자와 지식인들의 명강의에 불교의 핵심을 확실하게 이해할 수 있었다. 부처님 앞에서 참된 불제자가 되겠다고 다짐하는 장엄한 예불, 그리고 화두를 벗 삼아 깨달음으로 가는 길을 여는 참선도 무척이나 매력적이었다. 열흘 간 이어진 해인사에서의 나날들은 마음속 무명無明을 말끔히 씻어주었고 그 자리에 뜨거운 발심發心을 채워 넣어주었다. 오랫동안 찾아 헤매던 마음의 고향에 드디어 도착했다는 생각에 나도 모르게 눈물이 흘렀다.

해인사에서 느낀 감동은 집에 돌아와서도 좀처럼 가시지를 않았다. 결국 부모님께 절에서 공부 좀 하고 오겠다고 말씀드린 뒤 보따리 안에 『금강경』 한 권을 넣고서 만행을 떠났다. 집에서 30여 리쯤 떨어진 곳에 있는 작은 암자에 여장을 풀었다. 한 달 치 하숙비를 내고 빈방을 하나 빌렸다. 창호 문에 담요를 걸어 외부에서 들어오는 빛을 완전히 차단시켰다. 그리곤 방 가운데에 촛불 하나만 켜놓고 밤낮없이 『금강경』 읽기에 몰입했다. 내 나름대로 착안한 무문관無門關이었던 셈이다.

『금강경』 한 구절 한 구절을 음미하며 명상에 들어갔다. 금강경의 알짬을 체득하기 위해서였다. 무엇보다 인생에서 참으로 목숨을 걸 만한 참다운 길을 찾기 위한 용맹정진이었다. 며칠간 간경看經 공부에만 집중하던 지극한 마음은, 결국은 출가가 내게 주어진 운명이 아닌가 하는 고민으로까지 이어졌다. 물론 쉽게 결정할 수 있는 문제는 아니었다. 세속의 촌부로 머물 것인가, 아니면 출가수행의 길을 당차게 걸어갈 것인가. 인생의 중요한 갈림길 앞에서 무척이나 망설였다. 마침내 한 달 동안의 정진 끝에 금강경의 핵심이 보였고 앞으로 어떻게 살아갈 것인가 확고한 결단이 내려졌다. 담요를 걷어내고 암자를 떠나 산을 내려왔다.

대학생활은 4학년 2학기만 남아 있었다. 출가를 포기한다면, 남은 학기를 마치고 졸업장을 받아서 고등학교 미술선생이나 작가로서 살아갈 것이 분명했다. 평범한 사회인으로서 말이다. 하지만 나의 마음은 자꾸만 외로운 구도의 길을 걷는 출격대장부의 삶으로 쏠렸다. 출가를 한다면 나는 정말 스스로 당당하고 세인들의 모범이 될 수 있는 스님이 될 수 있을까… 부모님은 또 어떻게 설득할 것인가. 인생 최대의 결단 앞에서 방황하고 번민했다.

이러한 고민을 차마 부모님께는 말씀드리지 못했다. 2학기 등록금을 손에 쥔 채 서울로 돌아왔다. 같은 반 친구들에게도 속마음을 터놓고 이야기하지 못했다. 갑자기 출가를 하고 싶다고 고백을 하면 미친놈 소리나 듣지 않을까 싶어 저어되었다. 끝내 학교를 쉬기로 하고 휴학계를 냈다. 친구들에게는 군대에 가겠노라고 거짓말을 했다. 친구들은 이 말을 곧이곧대로 믿고 군입대 환송식까지 거창하게 해주었다. 서울 하숙집에 있는 물건들을 조카에게 인계하고 부모님께 간단한 편지 한 장을 썼다. "제대로 된 인간이 되어 그때 다시 찾아뵙겠습니다. 산 속으로 수행하러 들어갑니다. 부디 건강하시고 아들 걱정은 하지 마십시

| 가족 사진

오." 편지를 부치고서 시내 서점을 돌며 불교서적을 한 트렁크쯤 구입
했다. 대불련 도반이었던 이용부와 함께 강화도에 있는 보문사로 길을
떠났다.

전강 큰스님과의 만남

여객선을 타고 인천 바다를 건넌 뒤 한참을 걸어서 보문사에 도착했다. 3개월치 하숙비를 내고 절 아래에 있는 토굴을 빌렸다. 동그랗게 생긴 황토로 만든 방이었다. 또 다시 독서삼매경에 빠졌다. 5일이 지나서 도반 이용부는 서울로 돌아갔고 나는 밥 먹는 시간을 제외하면 오로지 불교서적을 읽는 일에만 매달렸다. 3개월쯤 지났을까, 트렁크에 넣어 가지고 온 책들을 전부 독파해냈다.

그러나 책을 읽는 것만으로는 뭔가 허전한 감이 있었다. 불서佛書들이 가르치는 요지는 하나같이 마음을 닦아서 본성을 깨치라는 것이었다. 그러니 마음을 닦는 실참실수實參實修가 선행되어야 했다. 그간의 독서량은 그야말로 '수레에 실으면 소가 땀을 흘리고 차곡차곡 쌓으면 대들보에 닿을 높이'라는 한우충동汗牛充棟이란 고사성어를 연상케 할 정도였다. 더 이상 책은 볼 필요가 없었다. 불교는 머리로 이해하는 것이 아니라 몸으로 깨우쳐야 하는 것임을 뼈저리게 느끼던 차였다. 생사일대사를 해결하고 나의 진여본성을 깨닫기 위해서, 사교입선捨教入禪의 길로 들어서야 할 때임을 직감했다. 그러기 위해선 먼저 깨달은 스승을 만나 도움을 받는 것이 중요했다. 달마대사 또한 "바른 스승을 만나지 못하면 한 생을 헛되이 보낼 것"이라고 경책하지 않았는가. 바리바리 싸들고 간 수많은 불교서적들을 아궁이에 넣어 불태워버렸다.

그날로 보문사 한편에 있는 동굴법당에 은거했다. 올바른 스승님께 인도해달라고 불보살님을 향해 지극정성으로 빌었다. 15일쯤인가 법당에 틀어박혀 기도에만 열중했다. 기도를 마치고 법당을 나왔는데, 불보살님이 기도에 응답을 해주신 것 같았다. 얼굴빛과 풍채가 범상치 않은 스님을 발견한 것이다. 한눈에 봐도 도인이었다. 밤새 철야정진을 한 스님은 피곤한 기색이 없이 절 마당을 포행하고 있었다. 마치 하늘에서 내려온 신선의 풍모였다. 절에 한동안 머물러 친해지게 된 공양주 보살님에게 스님의 정체를 물었다.

공양주보살의 얘기인즉, 일제강점기 독립운동을 했던 한용운스님의 맏상좌라는 것이었다. 더구나 가진 재산이라곤 입고 있는 옷 한 벌뿐인 무소유의 표준이시고, 밤새 포행하면서 정진하고 수행자들로부터 가장 존경받는 선지식이시란다. 주로 도봉산 망월사 선원에 머무시는데, 따르는 제자만 수십 명에 달한다고도 했다. 그럼에도 개인 방 하나 없이 수좌들과 같이 큰방에서 기거하며 좌복 하나 배에 덮고 주무시는, 청빈의 상징이었다. 그야말로 참선하는 수좌들에겐 거룩한 우상이었던 것이다. 도인의 이름은 춘성스님이었다.

입에 침이 마르도록 칭찬을 아끼지 않던 공양주는 춘성스님의 기행담도 소개해 주었다. 스님은 전에 보문사 주지를 맡은 적이 있었다. 내가 기도를 했던 동굴 나한법당이 좁고 초라했는데 스님이 크게 중창불사를 일으켜 지금의 웅장한 모습으로 일궈놓았다. 불사를 완성한 후 스

| 동굴법당 앞에서 춘성스님과 10년만의 재회

님은 동굴법당 위에 올라가더니 별안간 만세삼창을 부르고 내려왔다고 한다. 과연 만해스님의 제자답다. 그리곤 간다는 말도 없이 홀연히 사라져버렸다. 후임 주지가 석수장이들에게 진 빚을 갚아주느라고 아주 혼이 났다는 전언이다.

다른 수좌들과 마찬가지로 춘성스님은 내게도 대자유인의 본보기로 다가왔다. 나한님들께 기도한 내 정성이 기어이 통했는가 보다 생각하면서 스님을 스승으로 모셔야겠다고 마음먹었다. 21일 기도를 마친 뒤 주지 스님에게 하직인사를 하고 내쳐 망월사를 향해 길을 떠났다. 배를 타고 서해를 건너고 버스를 두어 번 갈아타고 한 시간 정도 산길을 걸어 올라가서야 망월사에 닿을 수 있었다. 그런데 춘성스님은 절에 계시지 않았다. 서울 종로3가에 있는 대각사로 가셨단다.

피곤한 몸을 이끌고 다시 산을 내려와서 어둑해질 무렵에야 대각사에 도착했다. 스님을 친견한 뒤 보문사에서 뵈었던 학생이라 소개하고 스님을 스승으로 모시고 싶다고 말했다. 하지만 스님의 말씀인즉, 지금은 망월사가 불사 중이니 행자를 받기가 어렵다는 대답이 돌아왔다. 그 대신 한국에서 제일가는 선지식을 소개해줄 터이니 그 스님을 찾아가라며 편지와 약도를 적어주셨다. 바로 수좌들 사이에서 한국불교 최고의 선승이라는 칭송을 받으며 선풍을 드날리던 전강스님이었다. 당시 '남향곡 북전강'이란 말이 유행할 정도로 남쪽에선 향곡스님이, 북쪽에선 전강스님이 수좌들의 존경을 한몸에 받고 있었다.

나는 춘성스님을 절대적으로 신뢰했다. 곧 당신이 추천한 스님이라면, 당신 못지않은 법력을 갖춘 어른이리라 믿어 의심치 않았다. 대각사 객실에서 하룻밤 묵고 난 뒤 아침 일찍 길을 나섰다. 인천행 전철을 타고 가다가 주안역에서 내렸다. 질퍽거리는 논두렁길을 하염없이 걸었다. 야트막한 언덕배기를 올라가니 절 같지도 않은 초라한 집이 두 채 있었다. 삼베옷을 입고 머리에는 망건처럼 생긴 관을 쓴 노인 한 명이 마루에 걸터앉아 있었다. 키는 작달막하고 체구는 왜소했지만 눈빛이 예사롭지 않았다.

"어떻게 왔느냐?"고 노인이 물었고 나는 "전강 큰스님을 뵈러 왔다"고 답했다. 그러자 노인은 "전강스님은 인천에 볼일이 있어 출타를 하셨다"며 "나한테 이야기하면 대신 전해주겠다"고 했다. 나는 춘성스님이 써준 쪽지를 노인에게 보여주면서 전강스님 밑에서 마음공부를 하고 싶다는 포부를 전했다. 당찬 나의 대답에 노인은 한동안 물끄러미 나를 쏘아보았다.

"그래, 지금 대학생인가?"
"한 학기가 남았는데 졸업장이 필요 없어서 그냥 그만두었습니다. 인간의 근본사가 더 중요한 것 같아서요."
"도를 닦는 게 중요한 일이긴 하나 급하게 서둘 것은 없네. 마저 졸업을 하고 오게나."
"대학 졸업장이 인간의 본성을 깨닫는 데 큰 도움이 되겠습니까? 스님 말씀대로 남은 학기를 마치려다가 제가 혹여 죽기라도 하면 스님께서 책임져 주실 수 있으시겠습니까?"

나의 절박하고도 당돌한 질문에 노인은 한동안 말이 없었다. 잠시 침묵을 지키던 노인은 결심이 선 듯 다음과 같이 말했다. "자네 마음이 정 그렇다면 어쩔 수 없지. 단, 여기는 가난한 절이라네. 쌀 한 말만 가지고 와서 일주일쯤 쉬었다 가게." 나는 "감사하다"는 인사와 함께 넙죽 큰절을 했다.

사실 나는 노인을 마주치는 순간 직감하고 있었다. 노인이 바로 전강 큰스님이라는 것을. 당신이 정체를 숨긴 채 짐짓 나에게 이런저런 질문을 해온 것은 나의 발심 정도를 알아보기 위한 일종의 시험이었다. 스님의 눈치를 보아 하니 1차 합격 정도는 한 것 같았다.

전강 큰스님

그 길로 내쳐 서울로 돌아왔다가 하룻밤을 자고 나서 다시 주안역으로 향했다. 남은 4학년 2학기 등록금을 탈탈 털어서 쌀을 사니 세 가마니 값이 나왔다. 그렇게 쌀가마니를 트럭에 싣고 전강스님이 계시는 용화사 법보선원에 들어갔다. 스님은 쌀 한 말만 가져오라 했는데 뭘 그리 많이 사왔느냐며 놀라는 기색이었다. "예, 쌀 한 말은 제 밥값이고 나머지는 모두 부처님께 공양하는 시주물입니다." 노장 스님께선 아무 말 없이 바로 나의 머리를 깎아주셨다. 그리곤 삭발한 내게 승복 한 벌을 내어주시면서 갈아입으라 하셨다. 그토록 바라고 바라던 수행자로서의 여정이 시작된 것이다.

당시 용화사의 대중은 고작 5명뿐이었다. 전강 큰스님을 비롯해 큰스님의 옛 도반이었던 노스님 한 분이 뒤늦게 참선공부를 하신다고 계셨다. 아울러 공양주 보살 한 분과 '관혜'라는 법명의 여女행자 한 명, 그리고 더부살이로 들어온 나까지… 조촐한 살림이었다. 『천수경』을 빨리 외운 덕분에 아침 도량석은 내가 맡게 되었다. 나름대로 열심히 행자 일을 하던 나에게 큰스님은 대도大道라는 법명을 지어주셨다. 아침 예불을 마치면 나를 불러 앉혀 놓고 매일 30분 이상 따로 법문을 해주실 만큼 친절한 분이셨다. 당신의 법문은 온몸의 세포 하나하나에까지 흡수되었다. 덕분에 신심은 날로 커져만 갔고 고된 운력도 즐거운 마음으로 거뜬히 해낼 수 있었다. 8개월 동안 성심껏 큰스님을 시봉하면서 어느덧 나 자신도 모르게 행자 생활에 익숙해졌다. 지금 생각해도 내가 근기는 하열할지언정 스승 복은 타고난 듯하다. 이제까지 퇴속하지 않고 외롭고 힘든 구도의 과정을 끝까지 버텨낼 수 있었던 이유는, 아무래도 전강 큰스님께서 불교공부의 기초를 잘 닦아주신 덕

▲ 용화선원 출가 초기 | 용화사 초기 신도회 ▼

▲ 용화선원 해제 기념

| 범어사 조실 추대식 전날 축하방문(청담스님, 일타스님, 혜성스님, 박성배 교수) ▼

분이다. 다시 한 번 큰스님께 감사의 인사를 올린다.

용화사 선원은 다른 선원에 비해 격식에 크게 구애받지 않았다. 오직 큰스님의 말씀이 법이었고 큰스님 아래선 누구나 평등했다. 예컨대 다른 선원에서는 비구계를 받지 않으면 선방에 들어갈 수조차 없었으나, 용화사에선 행자와 처사와 보살이 스님들과 함께 같은 선방에서 정진할 수 있었다. 생사일대사를 해결하는데 승속이 따로 있을 수 없다는 큰스님의 가르침 때문이었다. 그렇게 큰스님을 곁에서 섬기면서 여덟 달 동안 열심히 화두를 들었다. 그러던 중 부산 범어사 조실 동산스님이 열반에 드셨고, 전강스님을 후임 조실로 모시기 위해 범어사에서 능가스님이 용화사에 찾아오셨다. 내가 큰스님 시자로 따라 나서게 되었고 그렇게 범어사 생활이 시작되었다. 출발 전날 청담스님과 일타스님, 박성배 교수 등이 찾아와 조실 스님의 영전을 축하해주셨다.

범어사에서의 행자 생활

범어사는 선찰대본산으로 부산 근처에 있었다. 진산식을 마치고 전강 스님이 범어사 조실로 취임하셨다. 당시 범어사 주지는 지효스님이었고 총무는 현구스님이었다. 주지 스님을 포함해서 5명의 대중이 3년 결사 정진 중이었다. 조실 스님이 머무는 요사는 결사가 진행되는 선방에서 50미터 정도 떨어진 지점에 위치했다. 조실 스님의 공양은 내가 준비해야 했다.

한편 범어사 뒤편엔 대성암이란 암자가 있었는데, 비구니 선원이었다. 선원장인 만성스님은 이른바 '한소식했다'고 알려진 비구니 스님으로, 깡마른 체구에 대쪽 같은 성격을 지녔다. 물론 전강스님을 무척 존경하던 분이어서 조실 스님 반찬을 정성껏 마련하던 기억이 난다. 나는 끼니때가 되면 다람쥐가 도토리 나르듯 스님의 공양 상을 부지런히 차려드렸다.

전강스님은 조실이었지만 범어사에 상주하지는 않았다. 안거 결제와 반결제, 해제 때에만 법문을 하러 오셨다. 결국 나는 범어사에 혼자 남기로 했다. 대중선방에서 함께 참선을 하면서 주지 스님의 시자 노릇을 하며 살았다. 주지 지효스님 역시 매우 검소한 분이셨다. 스님이 가진 것이라곤 여름옷 2벌과 겨울옷 2벌이 전부였다. 그렇게 철저히 무소유의 삶을 사시는 분은 춘성스님 말고는 처음 봤다. 지효스님은 강직하고 말씀이 없으셨다. 대처승 척결을 위해 비구승들이 분연히 일어섰던 불교정화운동 당시 할복으로 정화의 정당성을 주장하신 스님으로, 은사인 동산스님조차 제자를 어려워 할 정도였다.

지효스님은 당시 선방 불사를 계획하고 있었다. 말사에 딸린 유휴지를 팔아서 내원암 뒤쪽에 있는 산을 개발해 자급자족을 할 수 있는 농장으로 만들려던 참이었다. 스님들이 끼니 걱정 없이 평생 수행만 하다가 생을 마감할 수 있는 일종의 노후수행관 건립을 원력으로 세운 것이다. 최근에서야 승려노후복지 문제가 종단적으로 관심을 일으키고 있는 것을 보면, 지효스님은 참으로 선견지명을 가졌던 분이다. 이윽고 내원암을 전초기지로 삼고, 총무였던 현구스님을 내원암에 상주토록 해 불사를 지휘하게 했다. 스님은 출가하기 전에 대한민국 임시정부 요인들이 창립한 독립운동단체인 한독당(한국독립당) 기획부장을 할 만큼 머리가 비상하고 셈이 빨랐다. 그러면서도 오후불식을 철저히 지키는 율사律師였다. 청정비구승의 전통을 복원하며 대한불교조계종의 근간을 세운 1950년대 불교정화운동 당시에도 많은 공로가 있었다고 한다.

현구스님은 나를 비롯해 또 다른 행자 한 사람을 데리고 내원암으로 올라갔다. 스님은 불사 감독뿐만 아니라 행자교육도 담당했다. 하시는 말씀이 "나는 여기서 한국불교의 새 못자리를 만들기 위해 철저하게 행자교육을 할 것"이라며 엄격한 일과표를 방 한쪽에 붙여놓았다.

지효 스님과 함께

'새벽 4시 기상 - 도량석 예불 참선 - 아침공양 짓기, 공양, 정리
- 도량청소 - 밭 개간 - 점심공양 짓기, 사시마지, 공양 - 산에
올라가 나무 한짐 하기 - 저녁공양 짓기, 공양 - 군불때기 - 스
님 법문 듣기, 참선 - 밤 10시 취침'

특히 화재가 나면 울리는 비상벨을 우리 행자들의 방에 달아놓아 새
벽 4시가 되면 그 시끄러운 소리에 일어나지 않고는 못 배겼다. 그야
말로 소변 볼 새도 없이 빡빡한 일과였다. 살아오면서 그다지 험한 일
을 해 본 경험이 없는 나로선 참으로 고행이었다. 산에 가서 나무 한
짐을 해서 내려오다가 발을 잘못 디뎌 굴러 떨어진 게 수 차례였다. 나
의 체력으론 무척이나 버거운 하루하루였으나, 이것도 수행의 한 과정
이라 여기고 묵묵히 버텨냈다.

그런데 불사는 순조롭게 진행되지 못했다. 지효스님이 평생수도원을
목적으로 한 농원 개발은 범어사 문도들의 반대에 부딪혔다. 무리한
불사라는 반대 의견에 번번이 대중공사가 벌어지기도 했고 지효스님
이 항의하러 온 사제들에게 목침을 날리는 소동도 일어났다. 더구나
문도들은 무슨 사연인지 총무 현구스님을 내내 마뜩치 않게 여기는
눈치였다. 하지만 내 입장에선 반복되는 고된 일상 탓에 다른 일에 신
경 쓸 겨를이 없었다. 여하튼 이를 악물고 행자생활을 버티면서 그렇
게 1년이 흘러갔다. 그리고 용화사에서 8개월, 내원암에서 1년을 행자
로 보낸 끝에 마침내 범어사에서 계를 받을 수 있었다.

그러던 와중 대형 농장이 산중에 개발되었다. 하지만 계속되는 문도들

과의 대립으로 지효스님은 평생수도원의 꿈을 접어야 했다. 주지를 그만둔 지효스님은 현구스님과 함께 경주 불국사로 떠나기로 하셨다. 두 스님은 나에게 불국사로 같이 가지 않겠느냐고 물으셨지만, 나는 전강 큰스님께로 돌아가겠다며 거절했다. 이렇게 두 스님과의 각별했던 인연을 뒤로 하고 인천 용화사를 향해 길을 나섰다.

용화사에 도착하니 큰스님은 계시지 않았다. 서울 도봉산에 있는 어느 절에 법문을 하러 가셨단다. 다시 큰스님을 찾아 나섰다. 중간에 숭산스님이 계시는 화계사에서 하룻밤 묵게 되었다. 다음날 아침 좋은 법문 한 말씀을 듣고자 숭산스님을 친견했다. 법문을 청했더니 스님은 대뜸 "영산회상에서 부처님이 아무 말 없이 꽃 한 송이를 들어보이자 가섭이 빙그레 미소를 지은 소식을 아는가?"라고 물었다. 이른바 제자의 법력을 시험해본다는 법거량法擧量을 시작하신 것이다. 뜬딴지같은 물음에 내가 "영산회상은 어디이며 가섭은 누구입니까"라고 되물었다, 그러자 스님은 옆에 있는 손전등을 가리키더니 "손전등이라 해도 귓방망이요 손전등이 아니라 해도 귓방망이일 터이다. 그래, 한 번 일러 보라"고 소리쳤다. 나는 아무런 대꾸 없이 손전등을 집어 들곤 버튼을 눌러 불을 켰다. 숭산스님이 다시 물었다. "어떤 중이 법당에 들어와서 부처님 머리 위에 담뱃재를 떨고 있다. 어떻게 하겠는가?" 나는 아직 이런 선문답에 대처할 만한 능력을 갖추지 못했던 터였다. 그냥 생각나는 대로 "똥오줌을 못 가리는 놈이라면 한 방망이를 쳐서 내쫓겠습니다"라고 대답했다.

숭산스님은 나의 대답에 대해 가타부타 평가를 하진 않으셨다. 다만 수행생활에 도움이 될 여러 조언을 들려주셨다. 스님께 감사 인사를 올리고 난 뒤 나는 다시 전강스님이 법문을 하신다는 도봉산 사찰로 발걸음을 향했다. 절 입구쯤 이르니, 언덕길 저편에서 큰스님이 내려 오시는 모습이 보였다. 반가워서 한걸음에 달려가 땅바닥에 큰절을 하고 인사를 드렸다.

제자와 거의 1년 만에 재회를 하는 것이었지만 스님은 별로 기뻐하는 기색이 없었다. 그저 "그동안 범어사에서 열심히 정진했다니 얻은 바를 일러보라"고 대뜸 물으셨다. 스님의 말이 떨어지자마자 나는 눈앞에 보이는 돌멩이 하나를 힘껏 발로 차버렸다. 오랫동안 절밥을 먹으면서, 나도 웬만한 선승 흉내를 낼 줄 알게 된 것이다. 그러자 스님께선 "아니다" 하시면서 그냥 갈 길을 가셨다. 일견 서운했지만 내가 큰스님의 경지를 어찌 알까 싶어 섭섭한 마음을 내려놓았다. "스님께서 아니라면 아니겠지요. 명심하겠습니다." 가시는 뒷모습을 향해 삼배를 올리고 오래 비웠던 고향집으로 돌아왔다. 집에는 몇 달 전에 이미 입대영장이 날아온 터였다. 당사자가 기별이 없자 병역기피자로 몰릴 판국이었다. 나는 국민으로서의 의무를 지키기 위해서 군에 입대하게 되었다.

3년 6개월 간의 군 생활

내원암에서 무리하게 고행정진을 하느라 몸이 많이 상했다. 이 몸으로 어떻게 군대생활을 견뎌낼까 내심 염려가 되기도 했다. 논산훈련소에 입소해서 한동안은 훈련소의 거친 밥을 먹을 수가 없었다. 건빵으로 끼니를 때우면서 훈련에 임했다. 그러길 며칠이 흘렀을까. 교육장에서 뛰고 구르다 보니 조금씩 식욕이 돋기 시작했다. 소화불량은 언제 그랬냐는 듯 사라져버렸고 밥 한 그릇으론 부족할 지경이었다. 그러면서 훈련에 적응할 수 있는 기력이 생겼다. 그간 나를 끈질기게 괴롭혔던 위염은 아마도 신경성 소화불량이었던 것 같다.

그렇게 한 달 열흘간의 훈련소 생활을 무사히 마쳤다. 이후 '의무' 주특기를 받고 대구에 있는 제2의무학교로 전입을 가게 되었다. 의무병의 기본적인 임무인 응급처치법과 주사 놓는 법 등을 얼마 동안 교육받고 퇴소했다. 기차를 타고 원주 대기소로 가게 되었다. 으레 원주 대기소의 병력들은 최전방으로 배치되는 게 보통이었다. 그런데 자대로 배치되기 전날 밤 또 다른 행운(?)을 만났다. 주번사령의 계급이 중위였는데 낯이 익은 얼굴이다. 가만히 뜯어보니, 초등학교 동창이었던 것이다. 그는 대학을 다니면서 ROTC 과정을 밟은 뒤 장교로 임관해 복무하고 있던 중이었다. 녀석의 도움 덕분이었는지 나는 최전방으로 가는 대신 강릉에 있는 공병대 의무과에서 비교적 편하게 근무하게 되었다. 또 다시 군용트럭을 타고 원주에서 강릉을 달려서 강릉 변두리에 자리 잡은 임지에 도착했다.

신고식을 하려고 행정반에 갔는데 인사과장이 마침 자리에 없었다. 기다리기가 무료해서 부대나 한번 둘러볼 요량에 밖으로 나갔다. 한참을 여기저기 구경하다가 병영 담벼락에 구멍이 숭숭 뚫려 있는 것을 발견했다. 문득 호기심이 생겼고, 군생활의 통제와 속박을 떨쳐내고 싶은 욕망이 불현듯 생겼다. 보는 사람이 없나 주변을 살핀 뒤 몰래 구멍을 통해 밖으로 빠져나갔다. 거리로 따지면 몇 뼘도 안 될 거리지만, 부대 밖의 공기는 달라도 너무 달랐다.

몇 분 걷다 보니 허름한 음식점이 보였다. 그간 훈련소와 의무학교를 전전하던 이등병 생활에 어지간히 이골이 난 상태였다. 식당에 들어가서 닥치는 대로 음식을 시키고 좋아하던 막걸리도 한 사발 들이켰다. 배불리 먹고 얼큰히 취해서 인사과로 되돌아가니 인사과장이 떡 하니 앉아 있었다. 알고 보니 '호랑이'라는 별명이 붙을 만큼 성정이 포악한 이였다. "신병 나부랭이가 온다 간다 말도 없이 어디를 다녀왔어!" 그는 가자미눈을 뜨고는 냅다 윽박을 질렀다. 나는 무척 당황했지만 움츠러든 모습일 보이기가 싫어 "부대 구경 좀 하고 왔습니다"라고 천연덕스럽게 대답했다. 인사과장은 내 입에서 풀풀 날리는 술 냄새를 맡고는 목소리를 높였다. "이 겁대가리 없는 이등병 새끼가 신고도 하기 전에 술부터 처먹어? 엎드려뻗쳐 이 새끼야!" 곡괭이 자루로 신나게 두들겨 맞았다.

내가 소속된 부대는 대관령길 확장공사가 주된 임무였다. 의무대는 군의관을 포함해 모두 5명으로 구성되어 있었다. 다행히도 성격이 고약한 상급자는 없었다. 군의관이 연세대학교 출신이었는데, 내 큰형님이 연세대 의대 교수로 재직하고 있었다. 알고 보니 큰형님의 제자였고, 군의관은 나를 살갑게 대해주었다. 덕분에 군대생활은 한결 편해졌다. 반면 매일같이 대관령길 확장공사에 투입돼야 하는 공병대 군인들에겐 매우 힘든 일상이 반복되었다. 병사들은 대부분 학교를 다니다 들어온 샌님들이었고, 그들에겐 몹시 가혹한 노역이 아닐 수 없었다.

심지어 살인적인 노동 강도를 견디지 못하고 스스로 총을 쏴 자살하는 병사까지 나왔다. 해가 지면 막노동을 하다가 다친 병사들을 치료하는 게 의무병의 일과였다. 안타까운 사고도 목격했다. 월남전에 참전해 3년간 복무하고 귀국한 어느 하사는 제대 며칠을 남겨두고 타고 있던 트럭이 전복되는 바람에 목숨을 잃고 말았다. 사람의 운명이란 한치 앞도 내다볼 수 없는 것임을 실감했다. 오늘날 확 트인 대관령 도로는 과거 공병대 젊은 군인들의 피땀과 희생으로 만들어진 것임을 알아야 할 것이다.

지금은 스키장으로 유명한 횡계에 파견을 나가기도 했다. 파견을 나가면 본대에 있는 것보다 훨씬 운신이 자유스럽다. 첩첩산중 시골엔 약방 하나 없었다. 결국 내가 그 동네의 돌팔이 의사 노릇을 하게 되었다. 그 당시 군대에 공급되는 약은 전부 미국제였고 효과도 좋았다. 민간인 환자도 많이 도와주었다. 그때는 군종법사 제도조차 없던 시절이다. 기독교가 군내 종교를 완전히 장악한 상황이어서, 간부와 사병을 막론하고 스스로 불자라고 밝히기도 꺼리는 형편이었다. 병영 안에서 불교를 경험하기란 참으로 드문 일이었다. 그렇게 나는 꿈꿔왔던 중노릇을 까맣게 잊어버리고 군대생활에만 충실했다. 그렇게 대관령을 무대로 한 3년 6개월의 군 생활이 시나브로 지나가고 있었다.

| 군대생활

안국사에서의 수행

세월이 흘러 내게도 고대하던 제대 날이 찾아왔다. 육군병장 만기전역. 예비군복으로 갈아입고 고향집에 돌아와서 열흘쯤 푹 쉬었다. 서울로 올라와 형님 집에 머물면서 복학 준비를 했다. 4학년 2학기만 마치면 졸업이었다. 고등학교 미술선생이나 하면서 평범한 인간으로 살자고 작정하고, 도서관에 나가 공부를 다시 시작했다. 그토록 애절했던 수행에 대한 원력은 군대생활 3년 6개월 만에 완전히 희석되어 버렸다.

그러던 와중에 '도병'이 또 다시 운명처럼 내게 다가왔다. 도서관에서 복학에 대비한 공부를 하던 중 무료해서 불교 책들이 꽂힌 서가에 가봤다. 비구니 일엽스님의 생애를 다룬 평전이 있기에 빌려보았다. 일엽스님은 일제강점기 흔치 않은 여기자로 일하며 여성해방론을 펼친 이른바 신여성이었다. 그러던 중 이혼의 아픔 등 우여곡절을 겪으며 만공스님 아래서 출가해 평생을 구도정진으로 일관했다. 그야말로 드라마틱한 인생을 살았던 한 여인의 일대기를 꼼꼼히 읽었다. '구도열求道熱'이란 단어가 다시 가슴에 꽂히면서, 시들어버린 줄 알았던 도병이 슬슬 도지기 시작했다.

한참 동안 잊고 있었던 전강스님의 모습이 눈앞에 아른거렸다. 이튿날 곧바로 용화사를 찾아갔다. 아래채 뒷방에서 기다리고 있는데 스님께서 내려오셨다. 큰절을 한 번 올리고 제대 소식을 알렸다. 큰스님과의 해후는 4년만이었다. 전강스님은 "앞으로 어떻게 살 작정이냐?"며 향후 계획을 물었다. 나는 "화가노릇을 하면서 세속에서 틈틈이 수행을 하는 거사로 살겠다"고 말씀드렸다. "그래?" 나의 대답을 마뜩찮게 여긴 스님은 따끔하게 혼을 내셨다. "부처님은 한 나라의 왕자였고 어느 누구보다도 유복한 환경에서 사셨던 분이야. 그럼에도 모든 부귀영화를 박차고 산으로 들어가셨어. 이유가 뭔 줄 아는가? 세속에서 도를 닦아 마음을 깨닫기란 불가능하기 때문이지. 모든 조사祖師들이 출가 수행을 하는 까닭도 마찬가지네."

스님의 이 한 말씀은 내 가슴을 후려치는 몽둥이와 같았다. 송두리째 꺼진 줄 알았던 발심의 심지가 다시 활활 타올랐다. 조실 스님의 일성에 서둘러 복학을 하려던 생각을 접어버렸다. 용화사에 들어와 삭발을 하고 참선정진에 들어갔다. 아무래도 구도병이란 끝장을 내야만 끝나는 병인 듯싶다.

그때 용화사 선원은 그야말로 선의 황금시대를 구가하고 있었다. 한국 수좌계의 거물이라 일컬어지던 도산, 일호, 근일, 종환스님 등등이 3년 결사에 몰입하고 있었던 것이다. 조실이었던 전강스님은 내게 총무 소임을 맡겼다. 나는 결사정진하는 스님들을 뒷바라지하는 동시에 나 역시 함께 정진하면서 지냈다. 그렇게 3개월쯤 화두참구에 집중하고 있었는데 마장魔障에 들고 말았다. 끊임없이 나를 괴롭혔던 신경성

▲ 전강 큰스님 법문

| 용화선원 대중(정공스님, 도산스님, 종환스님, 일호스님, 근일스님 등) ▼

위장병이 도진 것이었다. 가부좌를 틀기는커녕 앉아 있을 수조차 없었다. 전강스님께 사정을 말씀드렸다. 스님은 "만행을 좀 해서 몸을 다스린 뒤에 다시 돌아와서 정진하라"고 조언을 해주셨다.

스님이 소개해준 무주 적상산 안국사로 발길을 향했다. 2시간 이상 험준한 산길을 걸어야 만날 수 있는, 흡사 요새와 같은 사찰이었다. 조실스님께서 견성을 하신 뒤 보임(保任, 깨달음을 온전히 간직하여 잃어버리지 않도록 하는 일)하셨던 도량이다. 적상산은 자연적으로 만들어진 성과 같은 산이었다. 고려시대 최영 장군은 나라에 전란이 나면 왕실의 귀중한 보물을 이곳으로 옮겨 보관했다고 한다. 사형인 정환스님이 주지를 맡고 있었다.

안국사 본찰에서 30분 정도 걸어 올라가면 '호국토굴'이라 불리는 작은 토굴이 있었다. 용화사 3년 결사를 마치고 일주일 전에 안국사로 왔던 종환스님이 당분간 머물겠다고 한 곳이란다. 종환스님과는 예전부터 절친하게 지냈던 사이다. 어서 만나고 싶은 마음에 호국토굴을 한걸음에 뛰어 올라갔다. "스님, 스님" 하고 불렀는데, 대답이 없었다. 이상하게 여기는 순간 토굴의 작은 방에서 인기척이 들렸다. 작은 신음소리가 나는 것이 아닌가. 방문을 열어보니, 아뿔싸! 종환스님이 배를 잡고 누워서 고통을 호소하고 있었다. 스님의 얼굴은 완전히 백짓장이었다. 헐레벌떡 물을 떠다가 쌀뜨물을 만들어 마시게 했다. 그리곤 득달같이 산 아래로 달려가 무주 시내를 뒤져 약방에서 해독제를 구했다. 왕복 5시간이 걸렸다. 스님은 해독제를 복용하고 기적같이 소생했다. 산에서 버섯을 따다가 된장찌개를 끓여 먹었는데 사달이 난

▲ 안국사 법당(종환스님, 정락스님) | 적상산 호국토굴 ▼

것이다. 아무래도 독버섯이었던 모양이다.

그 날 그 시간에 내가 올라가지 않았더라면 어떻게 됐을지 생각만 해도 끔찍하다. 하마터면 훌륭한 선지식이 되실 스님을 허무하게 저 세상으로 보낼 뻔했다. 이 일로 인해서 종환스님과의 인연은 더욱 각별해졌다. 스님과 나는 호국토굴에 한 방씩 차지하고서 한 철을 보냈다. 한겨울 하루에 3시간만 자면서 용맹정진에 돌입했다. 아침공양은 본찰에 내려가서 먹고 점심은 본찰에서 얻어온 밥과 김치로 때웠다. 저녁은 먹지 않는 오후불식을 하면서 짬지게 수행했고 그렇게 4개월을 보냈다. 우리가 자리를 깔고 앉은 선방 너머로는 대자연의 거대한 풍경이 펼쳐졌다. 흰 눈으로 뒤덮인 적상산은 말 그대로 신선의 세계였다. 새벽 4시에 일어나 눈으로 하얗게 쌓인 적상산, 온 세상을 향해 달빛 아래서 목탁석을 하는 감동의 맛을 어디에 비하리.

계절이 바뀌고 어느덧 따뜻한 봄바람이 적상산에 찾아왔다. 봄나물을 캐러오는 사람들의 목소리가 들려올 무렵, 한겨울 견성을 목표로 의기투합한 종환스님과 나는 각자의 길을 가기로 했다. 서로의 분투를 격려하면서 적상산에서 내려와 헤어졌다. 호국토굴에서 이별한 후 아직까지도 스님을 만나보지 못했다. 참된 수행자의 모습을 견지하고 계시리라 믿어 의심치 않는다. 이 생을 마치기 전에 꼭 한 번이라도 다시 만나보고 싶은 스님이다.

▲ 적상산 정상에서 | 적상산 호국토굴생활 ▼

세상 이치를 깨닫게 해준 만행

오랫동안 은둔수행을 하다 보니 탁발만행이 하고 싶어졌다. 그래서 무주에서부터 차를 타지 않고 걷기 시작했다. 차가 많이 다니는 대로를 피해 시골길을 택했다. 걸식과 노숙을 반복했다. 며칠을 걸었을까, 경북 김천을 지나서 날이 저물었고, 어느 시골마을 여염집에서 하루 묵기를 청하였다. 스님이 집안에 찾아왔다고 마을의 아주머니 한 분이 상담을 청해왔다.

사연을 들으니 참으로 기구한 운명의 여인이었다. 젊어서 이 동네로 시집을 왔는데, 배필을 잘못 만났다. 남편은 술만 취하면 작대기를 가지고 와서 이유도 없이 자신을 두들겨 팼다고 한다. 그래도 자식이 생기면 나아지겠지, 하며 꾹 참고 기다렸다. 그러나 아들을 낳았음에도 남편의 술버릇은 조금도 나아지지 않았다. 주취폭력은 날이 갈수록 심해졌다. 참다못한 여인은 남편의 품을 떠날 생각을 하고 품팔이를 해서 몰래 돈을 모았다. 한푼 두푼 모은 단지를 마당 뒤쪽에 묻어두었는데, 남편이 이를 어찌 알았는지 단지 속 돈을 몽땅 가져다가 노름하고 술 마시고 탕진했다며 눈물을 쏟았다. "스님, 이렇게 살다가는 화병이 들어서 도저히 제 명에 죽지 못하겠습니다." 그러면서 숨어 있기 좋은 깊은 산 속 암자를 소개해 달라고 간청했다. 사정이 너무나 딱했다. 내가 아는 어느 비구니 스님의 암자에 그녀를 소개하였다.

그 후 10년쯤 지나서 그 절에 갈 일이 있었다. 혹시나 싶어 여인을 찾았는데 없었다. 주지 스님께 여인의 행방을 물었더니 한 5년쯤 공양주로 지내면서 편안히 살았는데 남편이 어찌 알았는지 절에 난입해 그녀를 끌고 사라져 버렸다고 한다. 그리곤 끝내 도망쳤다가 붙잡히기를 수차례 반복하다가 작년에 암으로 별세했다는 소식을 들었다고 했다. 기구한 팔자의 보살님. 다음 생에는 이 인연으로 출가해서 부처님 제자가 되어 육도윤회를 벗어나기를……. 마음속으로 정성을 다해 기도하였다.

탁발여행은 계속됐다. 지금 생각해도 참 대단한 호기였다. 시내에 있는 가게에 불쑥 들어가서 『반야심경』을 독송해 주고는 보시를 청하였다. 돈을 주면 받고 주지 않으면 그냥 나왔다. 보시를 거절하는 사람들은 대부분 기독교 신자였다. "우리 집은 예수를 믿는다"며 손사래를 쳤다. 한 번은 큼지막한 상점 앞에서 반야심경을 정성스럽게 외웠다. 그러자 뚱뚱한 몸집의 주인이 밖으로 나오더니 '자기는 교회 장로여서 시주할 수 없으니 빨리 사라져 달라'고 면박을 주었다.

실실거리며 비웃는 모습이 영 마뜩치 않았다. 따끔하게 혼을 내주겠다는 요량으로 이렇게 대꾸를 했다. "전에 성경을 읽은 적이 있는데, 예수님은 원수를 사랑하라, 네 이웃을 내 몸과 같이 사랑하라고 하셨더군요. 그런데 당신은 예수님을 믿는다면서 이웃에게 10원 한 장 주지 못하겠다고 하니, 그건 예수님을 망신시키는 일 아니겠소?" 이렇게 한 방 먹이고 공손히 합장을 하니 주인 얼굴이 붉으락푸르락 달아올랐다.

탁발을 하다 보면 세상의 이치에 대해 새삼 깨닫게 된다. 돈이 많은 사람일수록 인색하고 오히려 가난한 사람일수록 베풀 줄 안다는 사실도 깨닫게 된다. 빈곤의 고통을 누구보다 잘 알아서일까. 특히 정육점 아주머니들은 가게 밖까지 쫓아 나와서 나를 반기며 듬뿍 시주했다. 아마도 평소 살생에 대한 죄의식에 시달렸기 때문이 아닐까 싶다. 이렇듯 탁발을 하면서 세상 이곳저곳을 유행하다 보니, 탁발은 단순히 동냥이 아니라 하심과 인내를 공부하는 일임을 깨우쳤다. 그렇게 20여 일을 탁발하며 도보순례를 하다 보니 발길은 어느새 대구에 닿게 되었다.

해인사에서의 정진, 다시 화계사로

대구버스터미널에서 합천 해인사로 들어가는 버스에 몸을 실었다. 세계문화유산인 팔만대장경을 봉안하고 있는 이른바 법보종찰法寶宗刹이다. 그 여름 한 철은 해인사 선원에서 정진할 계획이었다. 해인사에 방부를 들이니 친면이 있는 스님들이 꽤 있었다. 글 쓰는 향봉스님, 선무술을 하는 종상스님이 눈에 띄었다. 반가워 손을 잡고 그동안 서로에게 있었던 이야기를 나누면서 시간을 보냈다. 그때쯤 '사이비 도인'이 해인사에 들이닥쳐 한바탕 소동이 났던 일도 기억난다. 해인사 주변 어느 비구니 암자에 가짜 승려가 와서 선지식 행세를 하면서 난리를 피우고 있다는 연락을 받았다. 나와 향봉스님, 종상스님이 합세해 녀석을 붙들어다 선방에 앉혀놓고 호되게 야단을 쳤다. "감히 한국불교를 대표하는 법보종찰에 와서 행패를 부리다니, 번지수를 잘못 찾아도 한참 잘못 찾았구먼!" 승복을 벗기고 팬티 바람으로 내쫓아버렸다. 그만큼 우리들은 죽도 잘 맞았고 기백도 대단했다.

하안거 결제는 아직 한 달이 남은 상태였다. 우리 세 사람은 결제를 하기 전에 남쪽지방으로 만행을 떠나기로 뜻을 모았다. 내원사 운문사 통도사 범어사 등 유명사찰을 거쳐 부산 시내를 구경했다. 그리곤 제주도로 가는 여객선이 떠나는 부산항에 도착했다. 며칠 동안 이곳저곳을 둘러보다 보니 결제 날이 임박했다. 나는 제주도 행을 포기하고 도반들과 헤어져서 해인사로 돌아왔다. 당시 해인사 조실은 고암스님이었고 주지는 지월스님이었다. 아울러 60여 명의 수좌들이 방부를 들인 상태였다. 수좌들은 가행정진반과 일반정진반으로 나누어 수행하기로 합의했다. 일반정진반은 하루에 6시간씩 잠을 자고 가행정진반은 3시간만 잤다. 나머지 일과는 모두 정진으로 채워졌다. 나는 한 철 단단히 용맹정진할 각오로 가행정진반을 선택했다.

함께 정진했던 도반은 대원, 사명 등 20여 명이었다. 소임은 수행을 하다가 탈이 난 수좌들을 돌보는 간병看病을 보았다. 여름 한철 일대사를 마치기 위해 최선을 다해 용맹정진했다. 다들 정진열기가 엄청났다. 화두에 몰입하며 망념과 다투면서 나의 진여본성에 다가갈 수 있었던 소중한 날들이었다. 그렇게 화두와 씨름하다가 어느덧 하안거 해제 날이 다가왔다. 조실 스님으로부터 해제 법문을 듣고 도반들은 각자 자신만의 구도 여정을 향해서 동서남북으로 뿔뿔이 흩어졌다. 나는 딱히 가고 싶은 곳이 없었다. 그래서 해제철임에도 해인사 선원에서 계속 정진할 요량으로 팔만대장경이 보관되어 있는 장경각으로 올라갔다.

혼자서 화두를 골똘히 새기며 포행을 하고 있는데 마루 한편에 불교 신문이 눈에 띄었다. 승려들의 재교육을 위해 서울에 불교중앙교육원이 설립됐다는 소식이었다. 교육장소는 서울 수유동 화계사였고, 선착순으로 신청을 받고 있었다. 출가한 지 오래된 이른바 구참舊參들을 위한 교육이었다. 한국불교계를 대표하는 큰스님들과 걸출한 불교학자들로 강사진이 꾸려져 있었다. 나는 분명 소득이 많을 것이란 확신에

▲ 해인사 선원 고암 방장 큰스님
| 해인사 선원 가행정진 대중(지효스님, 대원스님, 사명스님 등) ▼

해인사 선원 대중

교육에 동참하기로 마음먹고 화계사로 향했다.

한 달 동안 교육에 동참했던 스님들은 능혜, 종원, 삼덕, 무비, 성파, 통광, 지선스님 등 30여 명이었다. 다채롭고 깊이 있는 강의는 승려로서 반드시 알아야 할 지식과 소양을 머리와 가슴 속에 채워주었다. 한 달 간의 교육을 마치고 용주사로 돌아가니 사찰이 많이 달라져 있었다. 한국불교의 중흥을 위해선 선의 중흥을 이뤄야 한다는 게 당시 조계종 총무원의 방침이었다. 그래서 선의 중흥을 목적으로 중앙총림을 세워야 한다는 데 의견을 모았고 장소는 용주사를 택했다. 그리고 부처님의 77대 법손이라 일컬어지던 전강스님을 총림의 방장으로 추대했다. 주지는 정무스님이 맡았다. 총무는 적임자가 없었다. 마침 안국사

▲ 해인사 비구계 금강계단
│ 중앙교육원 1기. 탄허 큰스님을 모시고 ▼

| 청담 큰스님, 벽암 큰스님을 모시고

의 토굴에서 정진하고 있던 정락스님이 생각났다. 나를 비롯해 정현스
님, 현파스님, 이렇게 세 사람이 안국사 토굴로 올라가 정락스님을 설
득했고 함께 적상산에서 내려왔다. 총무 이외의 6직職도 정해졌다. 나
는 사회국장으로 천거됐다. 아울러 재무는 정하스님, 교무는 법광스
님, 교육은 영산스님으로 꾸려졌다. 6직 소임을 꾸린 후 마침내 중앙
총림이 문을 열게 됐다.

그렇게 중앙총림에서 겨울 한 철을 지냈다. 스스로도 혹독하다 싶을
만치 가열하게 정진하다가 건강이 많이 안 좋아졌다. 때마침 무주 안
국사 주지였던 정환스님에게서 연락이 왔다. 안국사는 전강 큰스님이
보임하셨던 곳으로, 전강스님의 문도와는 인연이 두터운 사찰이다. 정
환스님은 "안국사는 산 좋고 물 좋은 곳이니 여기서 오래 머물며 요양

▲ 지선스님과 함께

| 용주사 중앙선원 가사불사기념(전강 큰스님, 송담 큰스님을 모시고) ▼

적상산 안국사 주지 시절

을 하면 어떻겠느냐"고 물었다. 사실상 주지를 맡으라는 제의였다. 그렇게 해발 1,500미터 적상산 안국사에서의 주지 생활이 시작되었다. 안국사는 사람들이 찾아오지 않는 절이었다. 고도도 워낙 높았던 데다 기암괴석으로 형성된 산길은 사람의 발길을 쉽게 허락하지 않았다. 흡사 천연 요새와 같은 곳이었다.

안국사에서 전두환을 만나다

절벽 위에 위치한 절이어서, 동서남북 네 문만 닫으면 아무도 접근할 수 없었다. 고려시대에는 외적이 침략했을 경우에 국가의 보물을 안전하게 보관하는 용도로도 쓰였다. 안국사安國寺라는 이름의 유래다. 최영 장군이 절 외곽에 성을 쌓았던 것이다. 산세가 너무 험준해 올라오기는 싫어도 막상 올라오면 내려가기가 싫은 절이 안국사다. 절 안에서 하늘을 올려다보면 하늘이 둥글게 보일 만큼 삼림이 빽빽하게 우거졌다. 가파른 산길을 2시간 이상 걸어 올라야 하기 때문에 절을 찾는 사람은 손에 꼽을 정도였다. 따라서 신도들도 없었다. 그야말로 절대고독 속에서 정진하기 안성맞춤인 사찰이었다. 안국사에서 한 20분 올라가 정상 가까이에 있는 호국토굴 위에 올라서면 천지사방이 한눈에 들어왔다. 한 점의 티 없이 맑은 창공에 대고 소리를 한껏 지르면, 가슴속에 쌓인 회한과 망념이 송두리째 날아가 버렸다.

절은 비교적 큰 편이었지만, 대중이라곤 나와 공양주 보살이 전부였다. 깊숙한 적막강산 속에서 정진하기는 참으로 좋았다. 모름지기 수행자가 되려면 고독을 싫어해서는 안 된다. 고독 속에 들어가 고독을 초월해야만 참다운 구도자라고 말할 수 있다. 아무도 올라올 엄두를 내지 못하는 무한고요의 공산空山에서 나는 여유로웠고 자유로웠다.

안국사 주지 시절 달마도 첫작품 앞에서

빽빽한 나무들과 산새소리만이 유일한 나의 벗이었다.

한가한 마음에 정말 오랜만에 붓을 들게 되었다. 전강스님 밑에서 공부를 할 때는 그림을 그리기는커녕 책 한 줄 읽지 못했다. 큰스님께서 세속의 잡사를 엄하게 금지하셨기 때문이다. 절대고요의 공간에서 그림을 그려보니 세상에 있을 때보다 훨씬 몰입이 잘 되었다. 몇 시간씩 그림삼매에 빠지기도 했다. 문득 머릿속에 떠오른 형상을 화폭에 담다 보면 정신이 맑아지고 망상이 완전히 씻겨나갔다. 참선을 하는 틈틈이 마음을 다스리기에 더없이 좋은 방편이었다.

본래 상근기의 수행자는 하루 24시간 화두정진을 해도 피곤한 기색을 느끼지 않는다. 하지만 나는 근기가 하열해서인지 그렇게 오래 앉아 있지 못했다. 그런 내게 그림삼매는 아주 큰 도움이 되었다. 선화는 그리는 동시에 잡념이 사라지는 데 효과적이었다. 그림을 그린 후에는 화두가 성성해졌고, 좌선 후엔 그림이 잘 그려졌다. 수행에 진전을 보이니 그림 그리기에 한층 열중하게 되었다. 옛 화공들의 선화가 수록된 화집을 구해 모사하기 시작했다. 이렇게 안국사 시절부터 나의 선화 인생은 출발했다. 삼라만상의 이치와 수행자의 맑은 영혼이 담긴 선화는 지금껏 나의 든든한 도반이 되어주었다. 선화를 그리다보면 외로움을 잊을 수 있었고 번뇌망상을 벗어날 수 있었다.

이렇듯 적막강산에서 유유자적하면서 4년이란 세월을 보냈다. 안국사에 머물면서 만났던 인연이 세 사람 생각난다. 한 번은 어느 여름날 무장을 한 군인 1개 소대가 안국사에 예고도 없이 들이닥쳤다. 공수부대

| 제1회 선묵전시회 송담스님 참관

였다. 대장으로 보이는 사람의 명찰을 흘깃 보니, 이름이 '안현태'다. 내 속명이 '이현태'여서 왠지 친근감이 느껴졌다. 키가 크고 건장한 체격의 대장은 내게 거수경례를 붙이면서 정중하게 부대를 소개해줬다. 그러면서 1주일 동안 특수작전훈련을 해야 하는데, 부하들의 거처로 쓸 수 있도록 큰 방이 있으면 빌려달라고 부탁했다. 승낙을 하기는 했는데, 공수부대 군인들은 성격이 난폭하고 괴팍하리란 선입견이 있어 은근히 걱정이 되기는 했다.

하지만 이런 내 생각은 쓸데없는 기우에 지나지 않았다. 군인들은 신사 중의 신사였고 사찰에 조금도 피해를 주지 않았다. 오히려 이런저런 힘쓰는 일과 허드렛일을 도와주며 나의 일손을 덜어주었다. 그들은 아침을 해먹은 뒤 곧장 산으로 들어가서 하루종일 있다가 저녁나절에

되어야 돌아왔다. 나중에 알았는데 50명이 한꺼번에 들어갈 수 있는 땅굴을 파는 작전을 수행 중이었다. 엿새가 지나니 또 한 사람의 건장한 장성이 부하 2명을 데리고 안국사로 걸어올라왔다. 목깃의 계급장을 보니 별 하나다. 그는 2시간 이상 걸리는 산길을 걸어서 올라오느라 옷이 땀으로 흥건하게 젖은 상태였다. 내게 제1공수특전단의 전두환 장군이라고 자신을 소개했다. 바로 훗날 우리나라의 대통령이 되는 전두환 씨였던 것이다.

땀에 흠뻑 젖은 모습이 안타까워 "장군이시니 헬리콥터를 타고 오면 될 일을 왜 힘들게 걸어서 올라오셨느냐?"고 물었다. 그는 "부하들이 모두 걸어 올라왔는데 저 혼자만 편하게 올 수는 없었다"고 대답했다. 부하를 사랑하고 책임감이 강한 사람이라는 걸 첫인상부터 알 수 있었다. 그날 내가 쓰던 방을 장군에게 빌려주고 우리는 자정이 넘도록 많은 이야기를 나누었다. 그중 미국에서 공수부대 훈련을 받았던 이야기가 유난히 기억에 남는다.

군인들을 헬리콥터에 싣고 가더니, 하루치 식량과 나침반 하나만 달랑 주고선 아마존의 밀림 한가운데에 떨어뜨려 놓더라는 것이다. 15일 후에 약속된 지점을 반드시 찾아와야 한다는 지령과 함께. 무더운 밀림 안에서 나무껍질을 캐먹든 뱀을 잡아먹든 보름을 버텨야 하는 살인적인 훈련이었다는 전언이다. 간혹 사망자가 발생하기까지 하는 목숨을 건 훈련을 견뎌냈기에, 공수부대원들이 최강의 전사로 거듭나는 게 아닌가 싶었다. 그때 전두환 씨와의 인연은 하루저녁 대화를 나눈 게 전부였다. 하지만 정말 부하들을 자기 몸처럼 아끼는 장군이란 생각이 들었다. 정도 많고 박학다식한 인물이라는 것을 느낄 수 있었다.

이튿날 안국사 위로 대여섯 대의 헬리콥터가 날아오더니 공수부대 군인들이 추풍낙엽처럼 떨어져 산속으로 잠입하는 광경을 목격했다. 미8군사령관까지 동참하는 한미 합동군사훈련의 일환이었다. 훈련을 무사히 마친 뒤에 전 장군의 부대가 안국사로 인사를 하러 찾아왔다. 마당 한편에 나무 한 그루를 심더니 전 장군은 "스님의 이불이 너무 낡았더라"면서 자신이 덮고 자던 담요를 내게 선물했다. 이어 "서울에 오실 일이 있으면 꼭 자신의 부대에 들러달라"면서 친절하게 약도를 그려주었다. 무엇보다 인상 깊었던 장면은 하산하기 전 부대원들 전부가 법당 앞에서 부처님 앞에서 거총경례를 한 것이다. 실로 예의바르고 사내다운 군인들이었다.

산중의 납자가 군인을 찾아가야 할 일은 없었다. 몇 년이나 흘렀을까, 한동안 잊고 있던 그를 신문지상에서 보게 되었다. 박정희 대통령이 시해된 직후 사건의 진상을 규명하기 위한 합동수사본부가 차려졌고, 전 씨는 합동수사본부 단장 자격으로 언론에 소개됐다. 예전 안국사에서 만났을 땐 뚱뚱한 편이었는데, 호리호리한 체격으로 바뀌어 있었다. 1면에 대서특필된 사진 속 눈매도 매우 날카로워 보였다.

그가 우리나라의 대통령으로 당선되었을 즈음 나는 미국으로 떠났다. 그 후 10년간의 미국생활을 마치고 귀국했을 때 그는 대통령 퇴임 이후 신세가 상당히 처량해져 있었다. 1980년 광주민주화운동 학살과 5공화국의 비리를 참회한다는 의미에서 강원도 인제 백담사에 은거하던 중이었다. 당시 조계종 총무원장이었던 서의현 스님을 만날 일이 있었는데, 스님이 "지금 전두환 전 대통령이 백담사에 있는데 범주스님을 한사코 만나고 싶어하더라"는 소식을 전했다. 그때서야 한참 동안 잊고 있었던 그와의 기억이 되살아났다. 며칠 후 눈 덮인 백담사를 찾아가서 전 씨와 재회했다.

추운 겨울이었다. 전두환 전 대통령과 그의 아내 이순자 씨는 난로도 피우지 않는 법당에서 성심껏 100일 참회기도를 하고 있었다. 나는 늦게나마 잘못을 뉘우치고 불교에 귀의한 것이 감사해서 불교서적 몇 권과 고승의 법문을 담은 테이프를 몇 개 선물했다. 거칠고 시끄러운 세속을 벗어나 산사에 은둔하면서 그는 많은 것을 깨우친 듯싶었다. 그와 나는 모든 명리를 내던진 자연인의 모습으로 인간의 본성과 세상의 이치를 주제로 허심탄회하게 이야기를 나누며 밤을 보냈다.

깡패를 때려눕힌 스님

두 번째 인연은 어느 소설가와의 만남이다. 어느 가을 저녁 안국사로 불쑥 한 사람이 찾아왔다. 등산을 하다가 길을 잃어서 한참을 헤맸다고 한다. 무척 피곤한 기색이었다. 얼른 절 한쪽에 거처를 마련해주고 허기진 듯하여 공양도 대접했다. 밥 한 그릇을 뚝딱 비운 사내는 적상산성을 배경으로 역사소설을 쓰려고 산에 올라왔다가 낭패를 당했다고 전했다. 알고 보니 영화 '장군의 아들' 원작자로 유명한 작가 홍성유 씨였다. 1957년 「비극은 없다」라는 소설이 한국일보 신춘문예에 당선되어 등단한 홍 씨는, 활달한 남성적 문체로 시대의식이 짙게 묻어나는 역사소설을 많이 썼던 문인이다. 협객 김두한을 중심으로 한국 현대사의 이면을 조명한 장편소설 『인생극장』은 뒤에 『장군의 아들』이라는 이름으로 재발간되었고 임권택 감독에 의해 영화화되어 큰 인기를 누렸다.

나는 조금이라도 도움을 주고자 안국사를 비롯해 적산상산에 얽힌 역사와 일화를 아는 대로 설명해주었다. 덕분에 내가 가끔 서울에 갈 일이 있으면 홍성유 작가가 직접 마중을 나와 저녁식사를 대접하고 숙소까지 제공해주었다. 그날 안국사에서의 우연한 인연으로 오히려 내가 신세를 더 많이 졌다. 그는 대단한 술고래였고 매일 술을 마셨는데

도 건강에 전혀 이상이 없었다. 말 그대로 술에 도통한 주당인 듯싶었다. 하지만 간간히 연락을 하며 우정을 쌓아가던 중 2002년 홍씨가 별세했다는 소식을 들었다. 지금 돌이켜 생각하면 한국 대중문학계에 한 획을 그은 풍운아였다. 새삼스레 극락왕생을 발원해본다.

세 번째 인연은 산중의 호걸과의 추억이다. 무주 구천동의 정상에는 백련사라는 절이 있는데, 현각이란 법명의 스님이 그 절의 총무 소임을 보고 있었다. 해병대 수색대 출신인 데다 출가하기 전 권투선수로도 꽤나 이름을 날렸다고 한다. 마치 『수호지』에 등장하는 '노지심'이 연상되는 풍모였다. 호방한 데다 욕심 없이 소탈한 성격이었다. 무엇보다 불의를 보면 참지 못하는 성격이었다. 스님에겐 무용담이 있다.

어느 날 현각스님이 볼일이 있어 멀리 다녀오게 되었다. 피곤한 몸으로 버스에서 내렸는데 무주구천동 관광단지 정류장에서 어느 청년이 노인을 무자비하게 두들겨 패는 장면을 목격했다. 관광단지에서 장사하는 상인들을 협박해 자릿세를 뜯어내는 깡패였다. 마을사람들에게 악명이 자자했지만, 함부로 건드릴 수 없는 공포의 대상이었다. 스님은 나이 많은 노인이 새파란 젊은이에게 얻어맞는 것을 차마 그냥 두고 볼 수가 없었다. 험악하게 생긴 건달에게 다가가 폭행을 뜯어말렸다. 그러자 청년은 "어디서 온 중놈이 남의 일에 참견이야"라고 욕을 하며 스님에게 주먹을 날렸다.

불시에 일격을 당한 스님은 말로는 도저히 안 될 인간이라 여기고 걸망을 내려놓았다. 밀짚모자를 벗고 소매를 걷어붙인 스님은 격투 자세를 취했다. 백주대낮에 깡패와 스님이 한판 대결을 벌이는 흥미진진한

| 현각스님과 함께

장면이 연출됐다. 지역주민들은 물론 관광객까지 몰려들어 흥미로운 구경거리를 지켜봤다. 스님의 과거 전력을 모르는 깡패는, 스님을 만만히 봤다가 큰코를 다쳤다. 혈투를 벌인 지 1시간 만에 깡패는 지쳐 떨어졌다. 무릎을 꿇고 앉아 스님의 바짓가랑이를 붙들며 항복을 선언했다.

구경꾼들은 스님의 승리에 박수를 치며 환호했다. 동네 조폭들은 그날 이후 관광단지 상인들을 일절 괴롭히지 않았고, 현각스님을 보스마냥 깍듯이 모셨다. 또한 현각스님은 마을주민들 사이에서 졸지에 정의의 투사로 거듭났다. 하루는 관광단지에서 현각스님을 만나 백련사에 올라가는데, 가게 사람들이 스님을 어찌나 붙들던지 한 시간이면 올라갈 길을 이틀이나 걸려 도착한 일이 있었다. 스님의 인기가 워낙 좋아서 가게마다 먹거리를 내오면서 하룻밤 묵고 가시라고 졸랐던 것이다. 스님과 나는 대화가 잘 통했다. 인적 없는 안국사에 있기가 몹시도 적적해지면 가끔 구천동으로 내려와 스님과 함께 막걸리를 한잔 했다. 밤새도록 이런 얘기 저런 얘기 나누다보면 외로움이 싹 가셨다. 잡념망상을 지운 채 다시 산으로 올라가 정진을 계속했다.

그러던 어느 날 이천 영월암 주지를 하던 사형 한 분이 교통사고로 갑작스레 유명을 달리하고 말았다. 그렇게 4년을 안국사에서 지내다 이천에 있는 영월암으로 오게 되었다. 영월암은 아담한 암자였으나 안국사와 달리 신도들의 숫자가 상당했다. 덕분에 신도들의 도움을 받아 서울에서 선화 전시회를 2번이나 개최할 수 있었다.

하지만 나는 아무래도 주지 체질이 아니었다. 신도들의 눈치를 봐야 하고 남들의 시선을 의식해 본심에 없는 말을 꾸며서 내뱉어야 하는 일이 정말 싫었다. 전강스님으로부터 정법불교 참선법을 배워서 가슴 깊이 박혀 있는 나로서는 기복신앙을 조장하는 것이 싫었다. 게다가 역마살까지 있어서 자유롭게 떠돌아야 하는 팔자였다. 나 스스로 '환쟁이'의 기질이 다분하다는 걸 잘 알고 있었기에 홀연히 사표를 내고 영월암을 나왔다. 이후 바람 부는 대로 발길 닿는 대로 전국의 사찰을 떠돌아 다녔다. 그렇게 여기저기를 만행하다가 전라북도 어딘가의 토굴에서 살게 되었다. 신라 선덕여왕 시대 거사의 신분으로 깨달아 불법홍포에 매진하던 부설거사의 아들이 살았던 곳이었다. 1년 동안 토굴생활을 하다가 완주 송광사 바로 위에 있는 위봉사란 절로 거처를 옮겼다. 위봉사는 과거에 본사급 규모를 갖춘 사찰이었으나 많이 쇠락

▲ 영월암 주지 시절 | 위봉사에서 ▼

해 있었다.

위봉사에서 1년쯤 지내던 어느 날 미국에 살던 정달법사에게서 초청
장이 왔다. LA 관음사를 창건한 인물로, 당시는 결혼을 해서 환속을 한
상태였다. 그때 수좌들의 모임인 선림회 회장 능혜스님을 비롯해 나를
미국으로 초청한 것이다. 한국은 거의 모든 곳을 가본 상태였다. 초청
장을 받자 미국을 돌아다녀 보고 싶은 호기심이 동했다. 역마살이 국
제적으로 번진 셈이다. 일필휘지로 50여 점의 작품을 그려 걸망 안에
넣은 채 미국행 비행기에 몸을 실었다. 처음엔 전시회를 핑계로 미국
구경이나 실컷 하고 오자는 생각이었다. 하지만 삶이란 자기 마음먹은
대로 되는 것이 아님을 미국에 가서 절실히 깨닫게 되었다.

청운의 꿈을 안고 LA로

로스앤젤레스는 그야말로 별천지였다. 미국에서 면적이 가장 넓은 도시였다. 도시의 직경이 서울에서 대전 간의 거리라고 한다. 사계절이 없이 여름만 계속되는 아열대성 기후 덕분에, 난로와 겨울옷이 필요 없는 땅이었다. 난방비가 들 걱정이 없어 다른 도시보다 가난한 사람들이 많이 몰린다는 전언이다. 그만큼 한국인을 비롯한 타국에서 온 이민자들이 유난히 많이 사는 도시였다. 지진대에 위치해 있어, 낮은 집들이 넓게 퍼져 있는 모습도 인상적이었다. 당시만 해도 한국에선 구경조차 힘들었던 바나나와 오렌지가 지천으로 깔려 있었다. 거리를 걷다보면 다양한 국적과 피부색을 가진 사람들을 만났다. 말 그대로 인종시장을 방불케 했다. 유난히 몸집이 큰 백인과 흑인들이 많아 나는 조금 주눅이 들기도 했다.

한국에서 온 이민자가 가장 많이 사는 도시이기도 했다. 교민의 숫자는 10만 명을 헤아렸다. 대부분 장사를 해서 먹고 사는 사람들이었다. 이역만리 타국에서 외롭고 힘들게 살아가는 사람들을 위해 한국불교도 힘을 보냈다. 코리아타운의 중심에 있는 달마사를 비롯해 관음사, 고려사, 수도사, 반야사 등 상당한 숫자의 사찰이 교민들을 대상으로 한 포교에 나서고 있었다. 달마사는 LA 최초의 한국 사찰로, 미국인들

| 미국 LA 달마사 초파일 행사

에게 한국의 선불교를 전파하던 숭산스님이 창건한 절이었다. 달마사
바로 옆 건물이 LA 젠 센터로, 숭산스님의 미국인 제자들이 참선하는
선원이 있었다.

나는 달마사에 머물면서 LA 시내를 며칠 구경했다. 이후 미국으로 떠
날 때 가져왔던 50여 점의 그림으로 한국인이 운영하는 3.1당 화랑에
서 전시회를 열었다. 미국인들 사이에서 세계 4대 생불 가운데 한 명
으로 칭송받던 숭산스님이 많이 도와주셨다. 해외포교의 선구자인 숭
산스님 덕분에 미국 전역에 한국 선불교가 전파됐다. 아울러 스님의
법문에 감명을 받은 젊은 외국인 제자들이 세계 각국에 한국식 선 사
찰을 세우면서 그야말로 한국불교의 세계화가 전개되고 있던 상황이
었다. 숭산스님은 그 옛날 서울 화계사에서 만난 인연이 있었기에 구

미국 LA 달마사 조실
숭산 큰스님

면이었다. 5년 전에 이민 온 속가 친동생도 든든한 조력자가 되어 주었다. 내 동생 이익태는 영화인으로, '오발탄'을 만든 유현묵 감독 밑에서 조감독을 했었다. 코리아타운에서 열린 최초의 선묵화 전시회였기에, 호기심을 갖고 찾아오는 교포들이 많았다. 선禪과 동양정신에 관심 있는 미국인 관람객들도 눈에 띄었다. 전시회는 상당히 성공적이었다.

달마사는 숭산스님이 창건한 도량이었고 스님은 그곳 조실로 계셨다. 주지는 본래 지명스님이었는데 숭산스님과 뜻이 맞지 않아 자신을 따르는 신도들과 함께 코리안타운 인근에 반야사를 창건해 나갔다. 결국 주지가 사라진 달마사는 신도가 절반 이상 줄어들며 사격이 크게 쇠락하던 상황이었다. 숭산스님은 교포보다는 미국인 포교에 힘을 기울

주최 • 달마사총림 PRESENTED BY TAHL MAH SAH, INC.
후원 : L A젠센터 SPONSORED BY ZEN CENTER OF LOS ANGELES
동방대학 UNIVERSITY OF ORIENTAL STUDIES
관음사 KWAN UM SA TEMPLE
고려사 KOREA SA TEMPLE
정혜사 JEUNG HAE SA TEMPLE
남가주미협 KOREAN ARTISTS ASSO. OF S.C.
한국일보 KOREA TIMES

▲ 미국 LA 전시 팸플릿
| LA 삼일당 화랑 LA젠센터 마이즈미 로시 원장과 일타스님을 모시고 ▼

이고 계셨다. 미국 전법을 위한 총본부 성격이었던 프로비던스 홍법
원을 두고 미국 전역을 순회하시다 달마사엔 고작 한 달에 사나흘 머
무는 정도였다. 하지만 숭산스님은 나와의 옛 인연이 있어서인지 나
를 반갑게 맞아주시며 전시회를 물심양면으로 지원해주셨다. 미국에
서의 첫 개인전은 숭산스님을 비롯해 마이즈미 로시 일본젠센터 원장,
쾅 로시 소노마마운틴 원장, 해인사 율주 일타스님 등을 주요 귀빈으
로 모시고 제법 성대하게 치를 수 있었다.

LA 전시회를 마치고 이번에는 뉴욕에서 전시회를 열어볼까 생각하던
차였다. 그때 숭산스님이 달마사 주지가 공석이니 내게 주지를 맡아달
라고 요청했다. 전시회에서 스님의 도움을 받았던 만큼 거절하기가 어
려웠다. 스님의 명에 따라 그날부터 달마사 주지로 일하게 되었다.

그렇게 멀리 LA에서 주지 생활을 시작하게 되었다. 일단 주지를 맡았
으니 최선을 다 해야겠다고 마음먹었다. 첫 번째로 해야 할 일은 와해
되다시피 한 신도회를 되살리는 일이었다. 열심히 일할 수 있는 젊은
여신도들을 추려보니 15명쯤 되었다. 먼저 그녀들에게 신도로서의 책
임감을 불어넣는 것이 중요했다. 2박3일 간 용맹정진을 시키기로 했
다. 남편들에게 양해를 구하기 위해 아예 공문을 띄웠다. 신도회의 쇄
신을 위해 당신들의 아내들을 단단히 교육시키려 하니 사나흘간 집
에 못 들어가더라도 좀 봐달라는 내용이었다. "한국불교의 세계화를
위한 대업이니 처사님들은 생활이 좀 불편하더라도 참아주시기 바랍
니다."

이렇게 15명의 보살들을 절에 붙잡아두고 '스파르타식' 교육에 들어갔다. 사찰에서의 기본 예의범절부터 108참회기도법, 참선하는 법까지 차근차근 가르쳐주었다. 그녀들은 생전 처음 경험하는 사찰 수련회에 적잖이 당황하는 기색이 역력했다. 나는 딴 생각을 부리지 않도록 더욱 야멸치게 몰아붙였다. 초심자들에겐 매우 낯설고 버거운 과정이었겠지만, 그녀들은 수련회의 진정성에 공감하며 모두들 열심히 군소리 없이 동참했다. 2박3일 간의 혹독한 교육을 마치고 나니 그녀들의 눈빛은 달라져 있었다. 수련회를 마친 뒤엔 각자의 소질과 성격을 파악할 목적으로 개인면담을 진행했다. 개개인의 특기와 그릇에 맞게 소임을 정해주었다. 그리곤 이들을 중심으로 신도들이 자발적으로 사찰은 운영할 수 있도록 길을 터주었다. 달마사가 그 누구의 절이 아닌 자기 자신의 절이라는 인식을 끊임없이 심어주자, 그녀들은 서서히 책임의식을 갖게 되었다. 내가 교육시킨 15명의 보살들은 신도회의 주축으로 거듭났고, 이들이 맡은 바 임무에 따라 일사분란하게 움직여주면서 신도회 전체가 역동적으로 운영되기 시작했다.

자고로 주지는 사찰의 얼굴이다. 주지 스님의 원력과 헌신이 다 쓰러져가는 절을 일으켜 세우기도 한다. 하지만 주지의 탐욕과 나태로 인해 순식간에 사세가 기우는 것이 또한 절이다. 특히 주지가 돈이나 여자 문제를 일으켜 구설수에 오르면 사찰은 그야말로 엉망이 되고 만다. 나는 이를 미연에 방지하기 위해서 사찰의 재정을 신도회에 일임했다. 월급 명목으로 한 달에 500달러만 받기로 하고 일체의 금전관리를 신도회에 맡겼다. 그리고 행여라도 괜한 의심을 받지 않으려고 공무 외에는 신도 집에 전화 한 통조차 하지 않았다. 이렇게 신도회에 사

▲ 미국 LA 달마사 시절 법정 스님을 모시고 ┃ 탄허 큰스님을 모시고 ▼

찰운영을 전적으로 맡겨놓으니 사찰이 날로 발전하게 되었다. 나도 절 일로 신경 쓸 일이 그만큼 적어졌으니 내게도 이득이었다. 나는 신도들을 위한 법문을 하고 교포가 운영하는 신문에 포교를 주제로 한 글을 쓰는 일에 전념할 수 있었다.

달마사에서 얼마 멀지 않은 시내에 한 동네 사람 전부가 참선 공부하는 미국인들이 살고 있었다. 그 중심에 일본 조동종 계통의 젠 센터가 자리 잡고 있다. 마이즈미로시라는 젠 마스타가 참선을 지도하셨다. 숭산 스님과는 매우 친밀하게 지내고 계셨다. LA 젠 센터 원장님은 부인이 미국 백인 여자이다. 원장님의 부탁으로 내가 그 부인과 몇몇 제자들에게 선화를 가르치게 되어 젠 센터 사람들과 친밀하게 지내게 되었다.

미국 전지역에 숭산 스님과 마이즈미로시 원장님은 유명한 선사로써 알려져 있었다. 어느 날 젠 협회 초청으로 두 선사님과 함께 선서화 시연회를 하게 되었다. 장소는 LA 젠 센터였다. 두 선사님께서 10여 점의 선서를 쓰시고 나는 10여 점의 선화를 그렸다. 그리고 마지막에는 내가 그린 달마도에 두 분 선사님이 글씨를 써서 3인 합동 선서화 작품을 만들었다. 이 작품들을 참선하는 미국인들이 많이 모인 가운데 경매를 하였다. 한국에서는 볼 수 없는 광경이었다. 판매한 기금은 미국 선 협회 발전기금으로 사용하게 된다고 하였다.

의식이 높은 미국인들의 선에 관한 관심이 대단하였다. 그 원인을 살펴보니, 물질문명이 가장 발달되어 물질의 풍요 속에 살고 있는 미국

| 숭산 큰스님의 선서화 시연 장면

범주스님 선화 3인합작 작품
숭산 큰스님 글씨
LA 젠센터 원장 마이즈미 로시 글씨
범주스님 선화

| 미국선협회발전기금을 위한 선묵 경매

인들이지만 물질만능의 가치관에 의한 인간성 상실과 그로 인해 일어나는 여러 가지 부작용이 자리하고 있었다. 즉 현실적 욕망과 이기주의가 팽배해지고 그로 인한 스트레스로 정신적, 육체적인 병들이 많아져 불행한 삶 속에서 허덕이는 사람들이 많아진 것이다. 결국 고통의 해결은 인간의 본성을 찾는 길에 있다는 생각에 의식이 있는 사람들이 점점 동양사상에 심취하고 있다. 그들은 마음을 편안하게 해서 행복한 삶을 살기 위한 생활 선을 한다.

앞으로는 승려 위주의 권위주의적 종교가 아닌, 일반 사회생활 속에서 현실생활에 도움이 되는 생활화·대중화된 선(명상)이 미래 선의 길이 아닐까 생각된다. 이러한 미국 선의 흐름을 보면서 한국 불교를 돌이켜 볼 때, 극소수 전문 수행자들의 전유물이 되고 승려 위주의 불교수행만을 고집하다 보니, 2천여 명의 참선 수좌들 외에는 많은 불자들이 미신적 기복신앙에 파묻혀 있는 상황이 아닌가?

이 시대 사람들의 의식이 날로 높아져가는 상황에서, 때 지난 방편을 붙들고 시대의식에 뒤떨어진 사고방식을 갖고 어떻게 이 시대 사람들을 제도할 것인가? 걱정되는 한국불교 현실에 능력 없는 수행자의 한 사람으로써 답답함을 느낀다.

나이트클럽에서 부처님을 찬탄하다

한국에서도 포교를 하기란 어렵다. 하물며 이역만리 타지에서 부처님의 말씀을 전하기란 여간 힘든 일이 아니다. 나는 명색이 주지였지만 한편으론 머슴에 가까웠다. 생전 처음으로 운전을 배워야 했고 영어를 배워야 했다. 공양주에게 시장에 가서 반찬거리를 준비하는 것은 내 몫이었다. 매주 법회를 마치고 나면 지친 몸으로 개인적으로 찾아오는 신도들에게 일일이 상담을 해주어야 했다. 거동이 불편한 노보살들의 집을 방문해 차로 실어 날라야 하는 것도 내 몫이었다. 대부분의 신도들은 사찰에서 상당히 떨어진 곳에 살고 있었다. 신도들 가운데 동네 이웃인 경우는 보기 드물었다. 결국 이들은 법회가 끝나면 모래알처럼 흩어져 갔다. 같은 절에 다니는 신도라는 사실이 무색하게 관계가 서먹했다.

한인 교포들은 언어와 문화의 차이로 미국 현지인들과 융화를 하지 못했다. 사찰이라도 나서서, 같은 민족끼리 함께 만나 삶의 애환을 덜고 정을 나누는 공간이 되었으면 좋겠다고 생각했다. 그래서 생각해 낸 아이디어가 바로 '파티'였다. 한 달에 한 번씩 돌아가면서 한 신도의 집에 모여서 파티를 열기로 했다. 미국사회는 파티가 생활화되어 있다. 함께 어울려 맛있는 음식을 먹으며 노래를 하고 춤을 추다 보면 사람간의 벽이 자연스레 허물어지고 유대가 돈독해진다. 물론 한 집에 파티비용을 모두 부담하라고 하면 경제적으로 매우 난처한 일이었다.

신도회 간부 한 사람당 각자 큰 접시에 요리 하나를 담아오도록 시켰다. 파티를 주최한 가정엔 밥과 술만 준비하도록 했다. 각자가 조금씩 비용을 부담해서 마련된 파티는 그야말로 흥겨운 잔치가 되었다. 밤 늦게까지 함께 살을 부비고 온기를 나누며 웃고 떠들다 보면 새록새록 정이 쌓였다. 타향생활의 외로움도 덜 수 있었다. 이렇게 파티를 몇 번 하니 신도들 간에 친밀감이 형성되었고 분위기도 확 달라졌다. 사찰의 발전은 사람들 간의 유대로 만들어진다는 것을 새삼 깨달을 수 있었다.

달마사는 LA에 있는 사찰들의 아버지 격이다. 달마사가 최초로 자리를 잡고 여타 사찰들이 달마사에서 가지를 쳐 나온 형국이었다. 숫자가 한정된 교민들을 대상으로 한 포교에 치중하다 보니, 알게 모르게 사찰들 사이엔 경쟁관계가 형성되어 있었다. 주지 스님들 사이에서도 행여 저 스님이 내 신도를 빼앗아가지 않을까, 미묘한 알력이 보였다. 사찰들 간의 이러한 갈등과 기싸움은 미국 내 한국불교 전체로 보면 결코 이로운 일이 아니었다. 가뜩이나 기독교의 위세에 밀려 교세를 현상유지하기조차 버거운 형편이지 않은가. 그래서 LA내 한국 사찰들 간에 상생과 화합의 기운을 불어넣을 필요가 있었다. 기독교인들 앞에서 똘똘 뭉쳐 단결하는 한국불교의 힘을 보여주고 싶었다.

그러던 중 부처님오신날이 다가왔다. 따로따로 모여 법회만 하지 말고

▲ LA 달마사 주지 시절 │ 달마사 대중 초파일 행사 ▼

▲ 미국 LA 달마사 시절 가수 송춘희 씨와 함께
| 미국 LA 달마사 초파일 행사. 무등, 정도, 범주, 숭산 큰스님, 무상 ▼

한국사찰 전체가 함께 모여 부처님의 탄생을 축하하는 대동한마당을 꾸리면 어떨까 생각했다. 마침 코리아타운 안에는 아리랑나이트클럽이 있었다. 나이트클럽이 웬말인가 싶겠지만, 수백 명이 한곳에 모일 수 있는 대규모의 공간을 찾기가 힘들었다.

마침 그때 가수 송춘희 씨가 LA에서 순회공연을 하고 있었다. '수덕사의 여승'을 불렀던 그녀는 교민사회에서 한창 주가를 올리고 있을 때였다. 숭산스님으로부터 보살계를 받은 그녀는 나와 구면이었다. 나는 그녀를 찾아가 이번 초파일을 앞두고 부처님오신날 전야제를 열려고 하는데 도와줄 수 있겠느냐고 물었다. 독실한 불자였던 그녀는 나의 제안을 기꺼이 받아들였다.

한국의 유명가수가 불자들을 위해 공연을 한다는 소문이 퍼지면서 LA 불교계가 들썩거렸다. 달마사 사부대중은 기대에 부풀어 아리랑나이트클럽을 대관했고, 부처님오신날 전야제는 성황리에 치러졌다. 우리 절 신도들에게는 입장료를 받는 대신 다른 절 신도들은 무료로 초청하면서 솔선수범했다. 내로라하는 큰스님들도 대거 참석해 자리를 빛내주셨다. 숭산스님을 비롯해 당시 고려사에 체류하고 계셨던 구산스님과 현호스님, 도안스님, 지명스님, 무착스님 등등이 후배의 초청에 흔쾌히 응해주셨다. LA에 있던 한국불교 신도들은 그야말로 하나가 되어 전야제를 즐겼다. 이 행사를 계기로 불자들이 유대를 쌓고 화합을 할 수 있었으니 지금 생각해도 뿌듯하다.

5년 동안 달마사에 머물면서 포교활동에만 전념했다. 갖은 고생을 해가며 정성으로 사찰을 관리한 덕분에 달마사는 옛 명성을 어느 정도 회복했다. 앞서 밝힌 대로 연령별, 직능별 신도회가 활성화되어 주지가 없어도 원만하게 운영할 수 있는 시스템을 갖추었다.

달마사를 정상화하고 주지라는 자리가 어느 정도 익숙해지니, 슬슬 역마살이 도지기 시작했다. LA에서의 인연은 이제 다한 듯 싶었다. 포교에 전념하면서도 마음 한 구석엔 언제나 전 세계 예술가들이 모여든다는 뉴욕에 대한 동경이 있었다. 세계 최고의 문화도시에서 나의 예술적 성취를 탁마하고 펼쳐 보이고 싶은 욕심이 생겼다. 결국 숭산스님을 뵙고 이러한 나의 의향을 알렸다. 스님은 그동안 수고했다면서 떠나도 좋다고 허락을 해주셨다. 그렇게 뉴욕을 향한 여정이 시작되었다.

뉴욕에서 예술혼을 불태우다

LA에서 뉴욕은 멀다. 하지만 비행기를 타면 몇 시간이면 도착할 거리다. 그때는 젊었고 모험을 하고 싶다는 욕심이 동했다. 자동차를 몰고 대륙을 횡단하기로 결정한 것이다. 수천 킬로미터에 달하는 끝없이 뻗은 길을 계속해서 달렸다. 어두워지면 길가의 모텔에 들어가 토막잠을 잘 때까지, 하루 20시간은 달린 것 같다. 광활하게 펼쳐진 도로를 달리다 보면, '미 대륙이 정말 넓긴 넓구나' 실감을 하기도 했다. 어느 때는 저 멀리 지평선 끝까지 차가 한 대도 보이지 않았고, 이 세상에 나 혼자만 존재하는 듯한 무한자유를 만끽하기도 했다.

그렇게 7일을 달리다 보니 어느덧 미국의 수도인 워싱턴 바로 아래에 있는 도시 볼티모어에 도착하였다. 도반이던 제원스님(현재 길음종합사회복지관장)이 창건한 절에 머물게 되었다. 마침 제원스님이 다른 지역에 사찰을 창건해 그쪽으로 거취를 옮긴 터라 주지 자리가 공석이었다. 나는 1년 정도 주지를 지내다 그토록 고대하던 뉴욕에 발길을 내딛을 수 있었다.

뉴욕에 도착하니 과연 세계에서 가장 복잡한 도시라는 것을 실감했다. 빽빽한 빌딩숲은 흡사 아마존을 연상케 했다. 인구밀도가 세계에서 가장 높았고 그만큼 교통체증도 엄청났다. 눈 코 뜰 새 없이 바쁘다는 현대인들은 죄다 이곳에 모아놓은 듯했다. 다들 걸음걸이가 활기차고 빨랐다. 물론 화려하고 강렬한 도시는 그늘도 짙었다. 거리를 걷다보면 은근슬쩍 다가와 마약을 건네려는 손길을 자주 만났다. 곳곳에 눈에 띄는 성생활 용품점도 볼썽사나웠다.

호화로운 만큼 위험한 도시에서 나는 일단 조용하고 안전한 거처를 찾아야 했다. 뉴욕 최대의 번화가인 맨해튼에서 다리를 건너가면 플러싱Flushing이라는 지역이 있었다. 한국 사람들이 가장 많이 거주하는 동네다. 나는 이곳에 자리를 잡았다. 다행인 것은 미국에선 집을 임차하기가 한국보다 수월하다는 점이었다. 보증금이 비교적 많지 않은 편이었고, 다달이 내는 월세도 생각보다 저렴했다. 물론 뉴욕 시내에도 한국 사찰이 적지 않았기 때문에, 스님 신분인 나로선 숙소를 공짜로 구할 수도 있었다. 그러나 나름대로 개척포교를 해야겠다는 원력을 세운 터라, 구차하게 신세를 지지 않기로 했다. 플러싱 어느 주택가의 작은 집을 빌렸고 정법사正法寺라는 간판을 내걸었다. 혈혈단신으로 야심차게 뉴욕포교에 나선 것이다.

한국에서도 그런 경향이 강하지만 미국 내 한국불교 역시 기복신앙이 대세였다. 전강스님 밑에서 정법에 기초한 참선만 배운 나인지라, 그러한 환경에 적응하기가 쉽지 않았다. 아쉬운 대로 내가 지닌 유일한 밑천인 참선을 매개로 포교에 나서기로 마음먹었다. 주로 젊은 사람들을 대상으로 참선을 가르쳤다. 참선은 대학교육을 받고 일정한 현대적 소양을 지닌 젊은 부부들에게 상당히 인기를 끌었다. 다만 사고가

| 정법사

이성적이고 배움이 빠른 것이 좋은 일만은 아니었다. 자기수행에만 전념할 뿐 도무지 절에 보시할 줄을 몰랐다. 나의 포교는 전혀 돈이 되지 않는 포교였던 셈이다. 월세를 내기조차 빠듯한 형편이었다. 결국 내가 직접 아르바이트를 해서 돈을 벌지 않으면 절을 운영할 수 없는 상황에까지 내몰렸다.

한국 사람을 상대로 한 콜택시 운전을 하게 되었다. 택시운전의 핵심은 손님이 원하는 목적지까지 안전하게 모시는 일이다. 뉴욕은 매우 복잡하지만 바둑판식으로 도시개발이 잘 되어 있었기 때문에, 주소를 찾아가는 일은 그리 어렵지 않았다. 그래도 뉴욕은 뉴욕이었다. 교통체증이 서울의 곱절은 되었다. 길을 제대로 찾지 못해 손님에게 면박을 받기가 수 차례였다. 젊은 나이에 겁 없이 뛰어들었지만, 사실 뉴욕에서 핸들을 잡기란 웬만한 운전 고수에게도 힘든 일이었다. 명색이 스님인데, 내가 왜 이런 일까지 하고 있어야 하나 하는 자괴감도 들었다. 하지만 월세를 충당하기 위해선 어쩔 수 없는 노릇이었다.

이렇게 몇 개월을 평일엔 택시운전을 하고 일요일마다 참선법회를 열어 포교를 하는 일상이 반복되었다. 바쁘고 고된 하루하루였지만, 그래도 내겐 쏠쏠한 낙이 있었다. 바로 우리나라의 인사동에 해당하는 소호(Soho)를 구경하는 일이었다. 소호는 수많은 화랑이 밀집된 지역으로, 전 세계 예술가들이 모여 자신의 기량을 마음껏 뽐내던 곳이었다. 일반인들에게 그림을 가르치는 문화센터도 대단히 많았다. 가끔씩 소호에 들러 예술작품을 관람하며 마음을 달래던 나는, 이곳에서 선화와 참선을 가르치기로 결심했다. 곧바로 콜택시 운전을 그만두고 세계 각국의 문화예술을 가르치는 오픈 센터인 문화센터에 취직을 했다. 문화센터는 회원제로 운영됐으며, 회원비의 절반은 가르치는 강사의 몫이었다. 힘차고 단순한 붓놀림으로 마음의 이치와 존재의 실상을 그려내는 선화는, 서양 회화에만 익숙했던 미국인들에겐 신선한 충격이었다. 내 강의를 들으러 제법 많은 사람들이 몰려 왔다. 택시운전을 할 때보다 벌이가 더 나았다.

뉴욕은 인종전시장이었다. 그야말로 다양한 인간군상이 모여 사는 도시였다. 인간의 온갖 천태만상을 보여주기도 했다. 내로라하는 갑부들도 많았지만 거지와 노숙자도 많았다. 가난한 사람이 많았던 터라 범죄도 자주 일어났다. 그중에서도 가장 눈에 띄는 특징은 세계 최고를

▲ 뉴욕 오픈문화센터 선화 지도 │ 뉴욕 오픈문화센터 선묵 지도 ▼

자랑하는 예술의 도시라는 점이었다. 특히 소호는 뉴욕의 문화적 역량
이 총집결된 곳이었다. 볼거리도 많았고 예술가도 많았다. 문화센터에
서 일하게 되면서 택시운전을 할 때보다 한결 여유로워졌다.

맨해튼에는 수많은 소극장이 있었고 세계 각국의 영화가 무진장 상영
되고 있었다. 영화는 여러 가지 인생을 간접 체험할 수 있는 요긴한 매
개라고 생각하던 터였다. 세계 각국의 독특한 정서와 인간 내면을 배
울 수 있는 좋은 공부방법이라 여겼기에 맨해튼의 극장가를 돌며 닥
치는 대로 영화를 관람했다. 영화관은 나의 공부방이었던 셈이다. 시
간 여유가 있는 날은 아침나절 영화관에 들어가 밤 12시까지 이 극장
저 극장을 전전하며 하루 7편씩 영화를 보고는, 지하철 막차를 타고
거처가 있는 플러싱으로 돌아오곤 했다. 세계 각국의 풍속과 정서를
담은 영화를 관람하며 세상을 바라보는 안목도 자연스레 넓어졌다.

뉴욕에서의 내 삶은 전형적인 방랑자의 모습이었다. 히피족들이 입고
다니는 후줄근한 청남방을 걸치고 낡은 모자를 푹 눌러쓴 채 맨해튼
중심가를 누비고 다녔다. 조금씩 복잡하고 험악한 도시의 밤거리에 익
숙해져 갔다. 여러 인종과 계층의 사람들이 어깨를 부딪치며 살아가는
맨해튼은 호기심이 많은 나에게 그 자체로 훌륭한 수행도량이었다. 각
계각층의 사람들이 모여 사는 공간을 떠돌아다니며 견문을 넓혔다. 히
피족들이 두런두런 모여앉아 기타를 치고 노래를 하는 공간에선 풍류
를 느꼈고, 펑크족들이 미친 듯이 춤을 춰대는 나이트클럽에선 무간지
옥을 보았다. 수많은 화가들이 모여 뉴욕의 풍경을 화폭에 담는 웨스
트사이드는 내게 별천지와 같았다. 노숙자들과 짧은 영어로 대화를 나

▲ 뉴욕프로비덴스 젠센터 미국인 대중
| 프로비덴스 홍법원 10주년 기념 세계일화 한국 큰스님 초청행사 ▼

▲ 유엔빌딩. 월주스님, 보성스님을 모시고
| 프로비덴스 10주년 기념 세계일화 한국 큰스님들 초청 ▼

누며 그들의 처지를 공감하려 노력하기도 했다. 호주머니에는 가스총을 넣어둔 채였다. 그렇게 현란한 도시의 곳곳을 찾아다니며 경험을 쌓았다.

그러던 어느 날 내가 일하는 문화센터로 초청장이 하나 날아왔다. 뉴욕에서 선禪을 주제로 한 심포지엄을 여는데 참석해 달라는 내용이었다. 심포지엄의 장소는 가톨릭 수도원이었던 곳을 선센터로 개조한 곳이었다. 그곳에 가보니 선음악, 선무용, 선미술까지 …… 각자의 방식에 따라 선을 표현한다는 예술가들이 한 자리에 모였다. 인사들 가운데에는 뉴욕대학의 교수이면서 선무용가로 이름을 날리던 이선옥 씨도 포함돼 있었다. 10년 전에 미국에 발을 디딘 그녀는 뉴욕대에서 동양무용을 가르치고 있었다. 특히 자신이 손수 개발한 선무용으로 여러 차례 공연을 열고 있다는 말에 귀가 솔깃했다. 한국인이었고 불자였던 터라 나와는 대화가 잘 통했다.

심포지엄을 마치고 그녀와 이런저런 이야기를 나누는 도중에 함께 선 퍼포먼스를 하자는 데 뜻을 같이 하게 되었다. 선이라는 동일한 주제를 음악과 무용, 미술로 각기 다르게 표현하는 무대 말이다. 그렇게 동양적이고 혁신적인 선 퍼포먼스가 뉴욕의 한복판에서 무대에 올려졌다. 명상음악이 은은하게 흐르는 가운데 한쪽에선 이선옥 교수가 춤을 추고 나는 대붓을 이용해 큼지막한 한지 위에 달마도를 일필휘지로 그려나갔다. 공연은 그야말로 대박이었다. 뉴욕문화센터를 비롯해 아세아문화센터, 라마다극장, 뉴저지문화센터 등에서 잇따라 무대가 만들어졌다. 뉴욕의 댄스 월간지에 5페이지에 걸쳐 기사와 사진이 실렸

1 뉴욕 연꽃퍼포먼스
2 뉴욕 아시아록펠러
  문화센터 전시회 및
  퍼포먼스
3 뉴욕퍼포먼스 팸플릿

| 뉴욕 시절. 법안스님, 경암스님, 지명스님, 성해스님과 함께

을 만큼 관심과 호평을 받았다. 프랑스 르몽드문화센터와 노스캐롤라이나 예술대학도 우리를 초청했다. 그렇게 3년에 걸쳐 퍼포먼스와 전시회를 잇달아 열며 미국에 한국의 독보적인 선문화를 전파하기 위해 노력했다.

이선옥 교수는 선 퍼포먼스의 반응이 좋자 내친 김에 유럽 순회공연을 하자고 제의했다. 하지만 나는 나의 본분으로 돌아오고 싶어서 제안을 거절했다. 세속의 인기와 명예를 좇다가 행여 수행자로서의 청정한 마음자리가 흐려질까 염려됐기 때문이다. 더구나 뉴욕에서 3년여를 지내다 보니 차츰 뉴욕생활에 대한 흥미도 잃어가던 때였다. 돌이켜 보면 LA 5년, 볼티모어 1년, 뉴욕 4년까지 장장 10년의 세월을 외딴 미국 땅에서 보낸 것이다. 이역만리 타향에서 너무도 오래 살았다.

| 뉴욕 록펠러문화센터

고향의 산야가 그리워지기 시작했다. 인생을 반추해보면 10년을 주기로 변화가 생기는 것 같다. 10년 간의 미국생활, 본 것도 많았고 배운 것도 많았다. 포교당이었던 정법사를 정리하고 귀국을 준비했다. 여러 추억과 미련을 뒤로 하고 한국행 비행기에 몸을 실었다.

10년만의 귀국, 그리고 고난

10년이면 강산도 변한다는 세월이다. 지인들과의 연락은 다 끊어졌다. 그래서 귀국하고 보니 마땅히 갈 곳이 없었다. 문득 나의 고향과도 같은 용주사가 떠올랐다. 15년 전 중앙선원 시절 사회국장을 맡아 일하던 시절이 새록새록 떠올라 용주사를 찾아갔다. 그러나 10년 전에 비해 절집안의 풍속은 많이 각박해져 있었다. 말사 주지 하나를 맡으려 해도 빈손으로는 들어갈 수 없는 상황이었다. 게다가 용주사에는 도반은커녕 아는 사람이 하나도 남아있지 않았다. 어색하기도 하고 비위가 거슬리기도 해서 용주사를 내쳐 나왔다.

나는 누구에게 기대기를 무척이나 싫어하는 성격이다. 뉴욕에서 그랬던 것처럼 개척포교를 하기로 마음먹었다. 선 퍼포먼스 공연 등 뉴욕에서 다진 예술적 역량을 바탕으로, 선화를 매개로 한 문화포교에 나서기로 작정했다. 서울 시내에 가장 현대적인 문화센터를 세우겠다는 원력을 세우고 후원자 물색에 나섰다. 다행히 미국에 가기 전 전시회 관계로 면을 텄던 어느 처사와 연이 닿게 되었다. 그는 사업을 하는 사람이었고 내 그림을 아주 좋아했다. 서울 강남사거리에 있는 빌딩 한 칸을 빌리기로 했고 보증금은 처사가 내주었다. '선예원禪藝院'이란 간판을 내걸고 창립법회를 봉행했다. 창립법회는 성황리에 열렸다. 무엇

▲ 송담 큰스님 법문 | 숭산 큰스님 축사 ▼

▲ 선예원 개원 법회. 송담 큰스님과 숭산 큰스님 점심공양

| 선예원 개원 법회 참여대중 ▼

보다 전강스님의 법을 이어받은 송담스님이 크게 도와주셨다. 인천 용화사 신도들이 스님을 모시고 대거 찾아왔다. 숭산스님도 친히 오셔서 축사를 해주셨다. 일찍이 대오견성하여 한국불교의 선맥을 계승하고 있는 송담스님은, 수좌들이 흠모해 마지않는 기라성 같은 분이다. 그런 송담스님께서 이 사제의 선예원 개원을 격려하기 위해서 참석하시어 법어를 해주셨다.

선예원은 기존의 포교당과는 색깔이 많이 달랐다. 법당이 아닌 일반 문화센터로 인테리어를 꾸몄다. 종교를 막론하고 많은 시민들이 취미생활 삼아 찾아왔다. 선화 그리기를 비롯해 참선, 서예, 꽃꽂이, 요가 등등의 강좌를 개설했다. 70평쯤 되는 공간에 나의 작품들을 내걸어 사람들의 이목을 끌었다. 매주 일요일에는 법회를 열었다. 단, 기복신앙을 지양하기 위해 신도들로부터 불공이나 천도재는 일절 받지 않았다.

기존 포교당과는 방향이 전혀 다른 참신한 운영방식이었다. 진정성을 알아주는 신도들이 차츰 늘어나면서 포교당은 조금씩 자리를 잡아가기 시작했다. 그러나 개원한 지 6개월 만에 뜻하지 않은 암초에 부딪히고 말았다. 나를 도와주던 처사가 운영하던 사업체가 부도를 맞을 위기에 처하고 말았다. 그가 보시한 포교당의 보증금을 돌려줘야 할 만큼 상황이 심각했다. 든든한 후원자를 잃으면서 결국 선예원은 문을 닫을 수밖에 없었다. 막막했고 비참했다. 친히 오셔서 법문을 해주실 정도로 각별한 관심을 보여준 송담스님께 송구스러워 오랫동안 찾아뵙지를 못했다.

모든 것이 나의 수행력과 원력이 부족해서 생긴 일이라 생각하고, 부처님의 뜻이겠거니 마음을 추스르고 살 길을 찾아 나섰다. 일단은 세속에서 물러나 산중에서 수행에만 전념하기로 마음을 먹었다. 한 달여 동안 수행처를 물색했다. 전국을 만행하던 도중에 속리산 남쪽 산기슭에서 마음에 드는 토굴을 발견했다. 토굴의 주인을 수소문하니 조카 상좌뻘 되는 성오스님이었다. 법당과 요사채 2동으로 구성된 단출한 토굴이었는데, 그나마 비용이 부족해 1년이나 불사가 중단된 상태였다. 하지만 나에겐 오히려 인공의 냄새가 덜 느껴지는 소박한 거처여서 마음에 들었다. 황토로 만든 집이라는 것도 흡족했다.

토굴은 지붕과 외벽만 만들어진 상태였다. 내부는 그야말로 폐허와 같았다. 기둥 없이 흙벽돌만 쌓아놓은 상태여서 얹어놓은 무거운 기와지붕이 매우 위험해 보였다. 급하게 목수를 불러 큰 기둥 8개를 받쳤다. 한시름 덜어낸 후에 본격적인 내부공사에 착수했다. 인근에서 농사를 짓고 있는 촌로들에게 부탁해 일꾼으로 삼았다. 새벽녘 민가에 차를 몰고 가 어르신들을 모셔오고 저녁에 일과가 끝나면 다시 집으로 일일이 모셔다드리면서 나름대로 최선을 다했다. 두 달 남짓 지났을 때는 법당과 방사가 그럴듯하게 모습을 갖추었다. 내가 쓴 글씨에 운봉 거사가 서각을 한 '달마선원'이란 간판을 내걸었다. 그리고 서울에 혼자 살고 계시는 팔순 노모를 모셔다가 함께 살게 되었다. 이렇게 해서 속리산 달마선원에서의 수행이 시작됐다.

특히 LA 달마사에서 인연을 맺었던 가수 송춘희 씨가 많이 도와주었다. 앞서 밝힌 LA 지역 부처님오신날 전야제 공연에 흔쾌히 응해준 그

▲ 속리산 토굴 10년 선묵정진 │ 속리산 토굴에서 노모와 함께 ▼

녀는, 달마선원 개원에도 큰 도움이 되어주었다. 당시에 송 씨는 전국의 교도소를 돌며 열심히 음성공양을 하며 보살행을 실천하고 있었다. 교계에 인맥이 두터웠던 그녀가 많은 신도들을 데려온 덕분에, 쓸쓸하기만 했을 달마선원 개원법회는 제법 격을 갖추었다.

법당과 기거할 방은 마련했으나 화실로 삼을 공간은 없었다. 번듯한 화실을 만들자니 수중에 돈이 없었다. 생각 끝에 법당 옆에 작은 비닐하우스를 설치했다. 아무도 찾아오지 않는 산중에 그야말로 빈한한 살림이었다. 그러나 나는 가난과 고독을 수행의 힘으로 삼으리라 단단히 서원했다. '앞으로 10년은 속리산 밖을 떠나지 않고 선화에만 몰입하리라.' 각오를 다지고 선묵 정진에 들어갔다.

깊은 산골에 표지판 하나 세우지 않은 절이었다. 사람들이 도저히 찾아올 수 없는 적막의 공간이었다. 반면 인적을 허락하지 않는 절은 용맹정진하기에 더없이 안성맞춤인 곳이었다. 한 달에 한두 번만 세수를 할 정도로 선묵정진에 푹 빠져 살았다. 돌이켜 생각해보면 무아지경 속에서 참으로 행복한 나날들이었다. 뉴욕이라는, 세계에서 가장 복잡한 도시에 살다가 첩첩산중 오지에 들어오니 감회가 새로웠다.

사람마다 그릇이 제각각이다. 타고난 성격과 기질이 다르므로 수행의 방법도 자신의 특성에 맞는 것을 택하는 것이 좋다. 남의 흉내를 내기보다 자기만의 길을 개척해 가는 삶은 고되지만 보람차다. 본성은 누구에게나 완성되어 있는 것, 방법은 참선도 염불도 주력도 좋다. 오직 지극한 마음으로 수행에 열중하면 본성이 밝아지고 밝아지게 되어 마

속리산 토굴에서의 선묵정진과 노모님

| 속리산 토굴생활

침내 참나가 훤히 드러나는 법이다. 나는 자성을 밝히는 수단으로 선화 그리기를 택했고, 최선을 다해 온몸으로 밀고 나갔다. 자아를 초월해 대상과 하나가 될 때, 깨달음의 원력에 일념으로 몰입할 때가 인생의 절정이요 참맛이란 게 나의 확신이다.

세계 예술의 중심 도시에서 살다 오니 별로 보고 싶은 곳도 가고 싶은 곳도 없어져 역마성도 좀 가라앉은 듯하였다. 선묵정진, 좌선, 전강대선사의 녹음 법문 듣기가 하루의 일과였다. 꽃이 피고 비가 내리고 단풍이 떨어지고 눈이 내리는 사시사철의 변화하는 속리산 품속에서 자연과 하나 되어 흘러감도 잊어버리고 살았다. 제대로 된 인간이 되어 오겠다는 편지 한 장 띄우고 대학 졸업 반 학기를 남겨 놓고 산으로 사라져 버린 그 후, 어머님께서는 마음속 병이 들어서 오랜 세월 고생을 하셨다고 들었다. 근기가 약해서 출가 목적을 이루어 출격 대장부가 되지 못한 덜 떨어진 인간으로 불효자가 되었으니, 노모의 마지막 세월을 모시고 살아야겠다고 태평양을 건너오면서 비행기 안에서 생각했었다. 인자하고 부지런하고 건강하셨던 어머니는 80이 넘으시니 주름살이 많아지고 기력도 약해져서 뜻대로 몸이 말을 듣지 않고 힘들어 하셨다. 그 모습을 보는 나의 마음은 안타까웠지만 흘러가는 세월을 어찌하랴. 한평생을 8남매 자식을 위해서 희생하며 살아오신 노모의 사그라져 가는 모습을 볼 때 가슴속에 싸 하니 눈물이 흘렀다. 산속에서 가난하고 불편한 생활이었지만 행복한 표정으로 살림살이를 챙겨주시면서 평안하게 잘 사셨다. 나도 모든 것을 잊고 선묵정진에 전념할 수 있었다.

몇 날 며칠을 끼니도 거른 채 그려가다 보니 습작 작품은 산더미처럼 쌓였다. 방 한쪽에 아무렇게나 늘어놓은 그림들을 늙은 어머니께서 정성스럽게 차곡차곡 정리해주셨다. 당신은 매우 부지런한 분이셨다. 덕분에 살림살이는 내가 신경 쓸 필요가 없었고 오로지 선묵정진에만 몰두할 수 있었다. 낮에는 비닐하우스 속에서 붓질에 열중하며 나를 잊었다. 밤에는 화두와 씨름했다. 시간이 어떻게 가는 줄도 몰랐다. 그렇게 7년의 세월이 흘렀다. 그리고 모친은 끝내 노환으로 이 세상과의 인연을 마치고 진여본성의 세계로 돌아가셨다. 속가 친지들에게 어머니의 부음을 알리고 장례를 치렀다. 화장해서 남은 재는 아버님의 묘에 뿌리고 위패는 인천 용화사에 있는 아버님 위패 옆에 모셨다. 어머니는 이번 생의 인연이 다 되어 떠나신 것뿐이었다. 생사의 순환은 자연스러운 것이어서, 그리 슬프지는 않았다. 그래도 속리산 골짜기를 스치는 바람이 한결 스산하게 느껴지는 것은 어쩔 수가 없었다.

속리산 토굴의 겨울 풍경

'홈쇼핑'을 만난 달마도

오랜 세월 세상과 담을 쌓고 선묵정진에만 몰입하고 있던 때였다. 어느 날 지프차 한 대가 달마선원 입구로 들어왔다. 몇 사람이 방송장비를 들고 차에서 내렸다. 표지판 하나 없는 산골짜기 절까지 찾아오는데 고생 좀 했을 것이다. 그중 한 사람이 나에게 명함을 내밀었다. 청주 MBC의 김학찬 PD라고 자신을 소개했다. 그는 "10년 이상 산 속에 파묻혀서 오작 달마도만 그리고 있다는 스님이 있다는 정보를 듣고 부랴부랴 찾아왔다"고 말했다.

그는 나를 소재로 다큐멘터리 한 편을 만들어보고 싶다고 했다. 속리산 비로산장에 사는 어느 여류화가가 나에 대한 이야기를 전한 모양이다. 정말 오랜만에 외지인들을 만난 터라 무척 반가웠다. 더구나 나의 일거수일투족을 TV 화면에 담아준다는 말에 귀가 솔깃했다. 한편으론 공연히 세간의 구설수에 오르는 일을 자초하는 게 아닌가 싶어 부담이 되기도 했다. 하지만 PD와 차를 마시면서 이런저런 대화를 나누다 보니 매우 점잖고 예술에 대한 조예가 깊은 사람이란 것을 느낄 수 있었다.

고민 끝에 촬영을 수락했다. 며칠 후 김 PD를 포함해 5명의 스태프들이 찾아와서 본격적으로 촬영을 시작했다. 달마선원을 중심으로 예전에 선화를 시작했던 적상산 안국사를 비롯해 박찬수 관장의 여주 목아박물관, 이천청자의 대가인 김세룡 씨의 세창도예원 도자기공장, 인천 용화사 등이 필름에 담겼다. 1주일간의 촬영 끝에 작품이 완성됐다. 제목은 '범주스님이 달마도를 그리는 까닭'이었다. 달마도의 의미와 특색, 그리고 일평생 달마도를 그리며 정진해 온 나의 일대기를 녹여냈다. 50분 분량의 다큐멘터리는 충청도, 전라도, 경상도 3도의 시청자들에게 방영이 되었다.

과연 실력 있는 PD의 솜씨여서 다큐멘터리의 완성도는 상당히 높았다. 무엇보다 지상파 TV를 탄 효과는 이튿날부터 곧바로 확인할 수 있었다. 방송을 본 사람들이 하루 30여 명꼴로 달마선원으로 들이닥쳤다. 손수 차를 대접하며 달마도가 무엇인지, 정말로 영험한 그림인지, 달마도를 그리는 방법은 무엇인지를 묻는 질문에 일일이 답을 해주느라 진이 다 빠졌다. 매스컴의 위력이 정말 대단하구나, 실감했다. 이후 3개월 동안 달마선원을 찾는 발길이 끊이지를 않았다.

인적이 끊어졌던 토굴에 갑자기 많은 사람들이 들이닥치자 처음엔 어쩔 줄을 몰랐다. 하지만 그림 실력도 변변치 않고 도력도 높지 않은 수행자의 작품을 보겠다고 불원천리하고 찾아온 사람들이라는 생각이 들자, 난처한 마음은 미안한 마음으로 바뀌었다. 그동안 그린 달마도를 전부 다 꺼내어 보여주며 그 의미를 친절하게 설명해주고 최선을 다해 법문도 해주었다. 그러나 '잔뜩 기대하고 이 산골짜기까지 찾아오는데 정작 별다른 구경거리가 없으니 어쩌나' 하는 송구스러운 마음이 가시지를 않았다. 그래서 간이 전시장이라도 만들어 놓아야겠다는 요량에 다시 공사를 시작했다.

없는 형편에 조금씩 보시금이 생기는 대로 전시장 공사에 털어 넣을 때쯤이었다. 어느 처사 한 분이 달마선원으로 찾아왔다. 홈쇼핑을 전문으로 하는 사업가라고 자기를 소개했다. 홈쇼핑에서 판매할 아이템을 물색하던 중에 우연히 스님이 출연하는 방송을 봤다며 동업을 제안했다. 나의 달마도를 청자도자기에 입혀서 세트장에 내놓고 싶은데 어떻겠느냐고 제의했다. 나는 당시 홈쇼핑이 무엇인지도 몰랐다. 처사의 설명을 자세히 듣고 나서야 'TV를 통한 전시회겠구나……' 대강 이해할 수 있었다.

하루에 수십 장씩 달마도를 그려온 나로서는 그리 어려운 일이 아니었다. 처사는 홈쇼핑 섭외부터 작품 운반까지 나머지 세부적인 일은 자기가 모두 다 알아서 해주겠다고 너스레를 떨었다. 그렇게 거래가 성사되어 난생 처음 TV 생방송 무대에 직접 서보는 경험까지 하게 되었다. 시청자들의 반응은 놀라울 정도로 뜨거웠다. 달마도를 청자에 그린 상품 1,000점은 1차 행사에서 삽시간에 매진이 되었다. 10년을 두문불출한 채 오직 달마도 그리기에만 매진해 온 공력의 대가를 비로소 받게 되는 것인가 싶었다.

홈쇼핑 수익에서 분배받은 돈으로 나는 전시장 건축불사를 순조롭게 진행할 수 있었다. 당초 계획보다 더 크고 멋지게 지어야겠다고 마음먹었다. 3개월간 불사에 매달린 끝에 제법 그럴듯한 전시장을 갖출 수

| MBC 다큐 〈범주스님이 달마를 그리는 까닭은…〉

있게 되었다. 방문객들에게 좋은 눈요깃거리를 제공할 수 있게 되었다고 생각하니 마음이 저절로 뿌듯했다. 우연한 기회에 매스컴을 타게 된 것은 나에게 대단한 행운이었다. 유명세를 타게 되면서 오직 그림만 그려서도 사찰을 운영할 수 있게 되었다.

선문화예술원 개원

황토벽돌로 약 100평 정도의 자연친화적인 전시관을 만들어 선화전 시도 하면서, 내가 하고 싶었던 예술과 선禪을 접목해서 현대인에게 알맞은 선을 생활화·대중화할 수 있는 선문화예술원의 간판을 내걸 었다.

개원식에는 재원스님과 보광스님.지명스님.성운스님.구봉스님 등 도 반스님들과 퍼포먼스 팀인 박찬수.강만홍.임동창.박윤초.신현욱 등 많은 분들이 오셔서 후원해 주고 멋있는 퍼포먼스와 축하공연도 해주 었다.

선문화는 이 시대의 사람들에게는 가장 필요한 방법이라 생각하며, 선 을 대중화·생활화 하는 것이 현대인을 도울 수 있는 길이라는 신념 을 갖는다. 아울러 선과 예술을 통해 인연 있는 사람들을 열심히 돕는 상구보리 하와중생의 구도자의 본분에 최선을 다하며 그 길을 갈 것 이다.

| 달마사에서 달마도 시현

선문화 예술원
개원식

선문화 예술원 개원 축
하 퍼포먼스(조각장 박
찬수, 피아니스트 임동
창, 선무용 강만홍교수,
명창 박윤초)

기억에 남는 전시회들

다큐멘터리가 전국에 방영이 된 이후 많은 사람들이 길도 험한 속리산 골짜기의 토굴을 찾아왔다. 특히 내 이름이 조금씩 세간에 알려지기 시작하면서 각종 불교단체와 자선단체에서 초대전 제의가 들어왔다. 선화를 통해 부처님 가르침의 핵심을 대중에게 전하고, 선기禪氣를 함께 나누며, 작품의 판매기금은 뜻 있는 곳에 쓰자는 부탁이었다. 불교문화를 창달하고 어려운 사람들을 돕는다는데, 수행자로서 응당 동참해야 할 일이었다. 다음은 그간 '재능기부' 형식으로 열린 전시회들이다.

「룸비니 부처님 탄생성지 복원불사 선묵도예전」(유네스코 한국지부 주최), 「불교방송 건립을 위한 선묵전과 도예전」(부산불교연합회 주최), 「하와이 대원사 창립 10주년 기념 초대전」(대원사 주최), 「강릉 율곡 문화제 초대전」(월정사 주최), 「자비의 집 건립기금을 위한 초대전(1, 2차)」(조국평화통일불교협회 주최), 「굶주리는 북한 어린이 돕기 기획전」(평불협/하나로포럼/한국불교기아도움기구 주최), 「영남불교대학 유치원 건립 불사 범주스님 선묵 초대전」(대구 관음사 주최), 「부처님오신날 기념 노숙자 돕기 선묵전」, 「해인사 팔만대장경 축제 초대전」, 「부산불교대학 20주년 기념 초대전」, 「만해축전 초대선묵전」(신흥사 주최) 등.

▲ 제1회 범주스님 선묵전 오픈식(총무원장스님, 월서 큰스님, 용태영 변호사, 홍익대 총장, 김지견 박사, 이건호 사무총장)
▼ 제3회 범주스님 선묵회 오픈식(서경보스님, 최순우 국립박물관장, 이봉래 예총회장, 김지견 박사)

▲ 한중일 문화교류전 대표단
▼ 노숙자돕기 범주스님 선묵전(정일 큰스님, 보광스님, 서돈각 동국대총
　　장, 박찬수 조각장)

한편 「괌 관해정사 대불조성불사 초대 전시회」는 태평양에 있는 섬 괌에 위치한 관해정사 창건주인 범어사 반월스님과의 인연으로 이루어졌다. 불광법회를 창립한 도심포교의 선구자 광덕스님의 총애를 받았던 반월스님은 근현대 선지식인 동산스님의 막내 상좌였다. 동국대학교 불교대학을 졸업하고 종단의 큰 재목이 될 것으로 촉망 받는 수행자였다. 그러나 군 입대 후 월남전에 참전해서 전투 중 고엽제 세례를 받으면서 커다란 시련을 겪었다. 하루에 한 주먹씩 약을 먹으며 고통스러운 투병생활을 이어가면서도 관해정사의 대불 조성과 한국문화원 건립을 원력으로 세운 스님의 모습은 거룩했다. 작은 힘이나마 보탬이 되기 위해서 전시회를 열게 되었다.

「대만 불광사 초대전」은 불광사 본산과 타이베이 불광사 지부, 고웅 불광사 지부 등 3개 장소를 순회하며 장장 3개월에 걸쳐 전시되었다. 대만은 생활불교가 정착된 나라였다. 그만큼 불교의 대중화와 현대화가 원만하게 이루어져 있었다. 그 가운데서도 불광사는 대만불교의 발전을 이끌고 있는 선두주자다. 출가해 스님이 되면 의식주와 질병에 대한 걱정 없이 오직 수행과 포교에 전념할 수 있을 만큼, 승려복지체계가 완벽했다. 아울러 불광사 본찰과 모든 말사에는 훌륭한 전시실이 갖춰져 있었다. 절에서 생활하는 스님들도 구김살 없이 밝고 친절하여 인상이 깊었다.

특히 「조계사 국제선원 건립을 위한 범주스님 선묵 30년 전시회」는 내가 걸어온 40년 선묵 결산전과 같았다. 다양한 작품 300여점을 선보인 대규모의 전시회였다. 한국불교 1번지이자 선을 종지로 하는 조

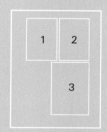

1 굶주린 이북어린이 돕기
   범주스님 선묵전
2 범어사 괌 해외포교당
   대불조성 범주스님 선묵전
3 조계사 국제선원 건립
   범주스님 선묵30년전

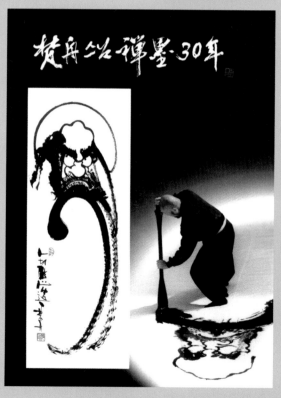

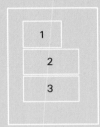

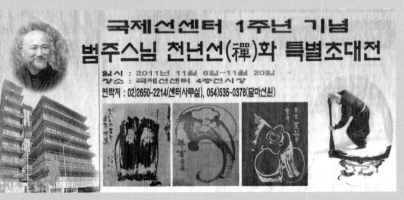

1 대만 불광사 초대 선묵전

2 천년선화 선차다기전

3 국제선센터 천년선화 특별초대전

계종의 중심 사찰인 조계사에 서울시민과 외국인을 위한 참선도량을 만든다는 취지에 공감해 흔쾌히 동참하기로 했다. 수작 중의 수작을 엄선했다. 달마도, 포대화상도, 한산습득도, 승도, 관음도, 다도화, 선화도자기, 선차다기, 심우도 병풍, 승무도 병풍, 연화도, 산수만행도, 사군자도가 조계사 옆 한국불교역사문화기념관(조계종 총무원 청사) 로비를 가득 채웠다. 특히 총무원 마당에 가로 10미터, 세로 13미터의 옥양목 천을 깔아 놓고서 달마도 퍼포먼스를 진행해 우레와 같은 갈채를 받기도 했다. 당시 총무원장이던 지관스님이 병풍 한 벌을 손수 구입하시는 등 10일간 계속된 전시회는 예상외의 성황을 이루었다. 나는 전시회 판매대금을 조계사에 기부하고 지친 몸으로 속리산으로 돌아왔다.

옻칠선화를 발명하다

훌륭한 작품은 오랫동안 보존됨으로써 그 빛을 발한다. 알다시피 동양화는 주로 한지에 그린다. 또한 기본적으로 먹을 사용해서 그림을 그린다. 그런데 아무리 탁월한 명화라 하여도, 습기가 침범해서 곰팡이가 슬면 예술작품으로서의 가치는 끝장이다. 벌레나 좀이 먹어도 마찬가지다.

선화란 참선 수행자가 그리는 그림이다. 수행의 밝은 기운(禪氣, 선기)으로 그린 그림이기에, 청정한 선기가 그림을 감상하는 이들에게 전이돼 사람들의 마음을 밝혀주는 영험을 갖는다. 그러므로 오랫동안 보존해서 후손 대대로 전승해야 할 필요가 있다. 이러한 연고로 나는 선화를 그리는 틈틈이 작품의 내구성을 어떻게 하면 높일 수 있을까, 고민을 많이 했다. 그리고 옻칠에서 그 해법을 찾았다.

옻칠은 자고로 전통적인 불사에서 많이 활용됐다. 불상도 옻칠을 한뒤에 개금蓋金을 하면 내구력이 훨씬 커졌다. 팔만대장경 역시 경판에옻칠을 했기 때문에 오늘날까지 길이길이 보존돼 세계문화유산으로등극할 수 있었던 것이다. 나는 선묵화와 옻칠을 접목하기로 결심하고이후 연구에 매진했다. 사실 옻칠 그림은 공예품이나 벽화에 이용되어 옛날부터 내려오고 있었다. 그러나 한지의 특성을 살리는 동시에 먹선을 고스란히 유지시킬 수 있는 기법은 아직까지 없었다. 특히 선묵화는 채색을 사용하지 않기 때문에 채색을 겹칠하는 식의 방법은 맞지 않는다. 기존의 옻칠그림으로는 한지의 묵선을 잘 살릴 수 있는 방법이 없었다. 몇 날 며칠을 골똘히 생각하던 중 문득 옻을 연하게 희석해서 칠하면 어떨까 하는 아이디어가 떠올랐다.

알다시피 옻은 옻독으로 인해 다루기가 매우 난감한 물질이다. 옻을 타지 않는 사람은 100명 중에 한 명 정도 있을까 말까 하다. 새로운 옻칠기법을 고안하기는 했으나 실제로 작업에 응용하기는 무척이나 망설여졌다. 장애가 되는 것은 내가 옻을 많이 타는 체질이라는 점이었다. 한 방울만 몸에 튀어도 금세 옻독이 올라서 가려움증을 견디기 힘들었다. 끔찍한 고행이 따로 없었다. 확실하게 옻의 가려움증을 없애주는 약도 구할 수 없었다. 그렇다고 몇 번 옻독이 올랐다고 면역이 생기는 것도 아니었다. 결국 지독한 가려움증을 견뎌가면서 작업에 몰입했다. 고통에 못 이겨 붓을 자주 놓아야 했다. 더군다나 홀로 여러 가지 실험으로 개척하다 보니 시행착오도 많이 겪었다. 수십 번에 걸쳐 깜냥껏 조심스럽게 옻을 칠해봤지만 번번이 허탕이었다. 어쩔 수 없이 버려야 하는 그림들이 쏟아져 나왔다. 아울러 건조실에서 습도와 온도의 조절이 잘 되지 않으면 바로 망작亡作이 되고 말았다. 수백 장의 작품들이 그렇게 쓰레기통으로 들어갔다.

옻이 올라 가려워서 밤잠을 제대로 자지 못하는 나날들의 연속이었다. 아무리 방수복 장비를 갖추고, 안경을 쓰고, 마스크까지 착용해도 소용이 없었다. 한 방울만 튀어 피부에 닿으면, 고통이 전신으로 퍼져 갔다. 기존에 아무도 생각하지 못했던 방법이고, 조언을 구할 수 있는 길조차 없이 오직 개인적인 연구와 체험만으로 창조의 깃발을 꽂으려 했으니…. 정말 옻칠 선묵화를 꼭 개발해내고야 말겠다는 원력이 없었 다면, 진작에 포기하고 말았을 일이다. 온종일 옻독에 고생을 하면서 도 이것도 하나의 고행정진이란 마음으로 심혈을 기울였다.

옻은 특별한 물질이다. 강력한 방습, 방충, 방균력과 접착력은 타의 추종을 불허한다. 전자파를 흡수하는 동시에 원적외선을 방출하여 몇 천 년이고 작품을 오롯이 보존할 수 있는 최상의 도료다. 어쩌면 심한 가려움증을 일으키는 독성은 아무도 자신을 허투루 사용하는 일이 없도록 하기 위한 옻 특유의 자생적인 보완장치인 듯싶다. 그렇게 3년 동안 가려움증을 견디고 수백 장의 작품을 버려 가면서 연구 정진한 결과, 마침내 나는 옻칠선묵화를 창작할 수 있게 되었다. 옻의 특출한 내구력을 강조하기 위해 스스로 '천년선화'라고 이름 지었다. 인간정신의 진수를 보여주는 최상의 예술작품인 선화와 최강의 물질도료인 옻이 만남으로 해서 내가 그리는 서화는 선화의 신기원을 열어낼 수 있었다.

인고의 세월을 견디면서 배출한 작품이었지만, 아쉽게도 사람들은 작품의 가치를 잘 알아보지 못했다. 하지만 그래도 괜찮았다. 누구도 시도해보지 않았던 도전에 성공했다는 사실만으로도 워낙 만족감이 컸다. 옻칠선화는 마치 오래된 고화古畵와 같이 은은하고 묵직한 색감 덕분에 독특한 무게와 깊이를 지녔다. 보는 사람의 마음을 편안하게 해

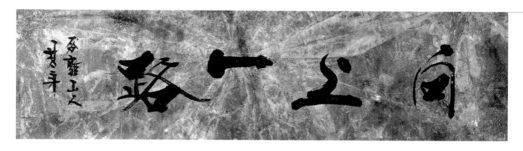

| 향상일로(깨달음으로 향하는 오직 한 길)

주는 신비한 아우라를 갖는다. 게다가 원적외선이 방출되기에 습기나 벌레가 접근하지 못해 몇 천 년 뒤의 후손에게 온전한 작품을 물려줄 수 있다는 게 최대의 장점이다. 집안에 밝고 청정한 기운을 채워줄 수 있는 옻칠선화의 값어치에 스스로 만족했고 행복감을 느꼈다. 3년 고행으로 내가 이루고자 했던 원력을 기어이 달성했으니 더 바랄 것이 없었다. 몇 번씩이나 포기하려던 순간들이 주마등처럼 뇌리를 스쳤다. 반드시 완성하고야 말겠다는 인내와 집념으로 고통의 고개를 넘었던 기억들을 되짚으며 인간에게 한계란 없음을 몸소 실감했다.

작품만 수백 점을 버려야 했고, 가려움의 고통 속에 잠 못 이룬 밤이 얼마였던가. 젊은 나이도 아니고 예순을 훌쩍 넘긴 몸으로 새로운 창조의 산고를 극복해내다니, 겪어보지 못한 사람은 참으로 그 고통스럽고 난감한 심정을 이해하지 못할 것이다. 액자도 원목으로 맞추어 내가 직접 옻칠을 하였고, 천도 옻칠을 해서 액자에 붙였다. 작품의 시작부터 끝까지 각고의 노력을 기울였다.

'천년선화'를 세상에 내보이다

2009년 드디어 서울 인사동 한국미술관에서 천년선화(옻칠선화) 전시회를 열게 되었다. 그러나 세상에 최초로 나온 옻칠선화의 진가를 사람들은 알아보지 못했다. 그저 조금 특이한 선화라고 여기는 눈치였다. 선화의 신기원을 열었다는 것은 오로지 나 혼자만의 평가로 느껴져 무척 답답하고 외로웠다. 다만 고맙게도 옻칠공예가협회장인 이칠용 회장만은 옻칠선화의 가치를 인정해 주었다. 물론 누구에게 칭찬받기 위해서 연구하고 개발한 것은 아니다. 오직 순수한 정진의 길에서 싹튼 원력의 산물이었지만, 공감해주는 분이 있기에 나로서는 큰 보람을 느꼈다. 나는 한지뿐만 아니라 천과 동판을 비롯한 여러 가지 재료에도 작업을 시도해 보았다. 옻을 잘 다루려면 결국 자주 옻을 접하는 방법밖에 없었다. 단단한 각오와 지속적인 연습이 아니면 옻과 친구가 될 수 없는 노릇이었다.

인사동 한국미술관 전시회를 원만히 마치고서 나는 속리산으로 돌아왔다. 일주일쯤 아무 일도 하지 않은 채 쉬고 있는데, 하루는 보살님 한 분이 찾아오셨다. 전에 뵌 기억이 없는 분이었다. 그분이 찾아온 연유는 다음과 같았다. 남편이 어느 중견기업의 회장인데, 1년 전부터 심한 두통에 시달렸다고 한다. 자신이 남편을 대신해 회사를 경영해야

이 세상에 태어나 수많은 일 중에서 새로운 것을 시도한다는 것은 그 자체가 바로 힘듦이요, 말로 다 표현할 수 없는 고통의 연속임에 그것을 겪어 보지 않은 사람은 감히 상상조차 할 수 없다 할 것이며, 특히 그것이 예술계의 한 장르를 개척함에 있어서는 더욱 더 고난과 인내를 감수하지 않고서는 오르기 어려울진대 범주스님께서는 이미 부처님의 가르침에 함께하고 계시며 참선과 예술을 하나로 삼는다는 뚜렷한 철학과 옻漆문화를 통한 무념과 무상의 에너지를 창출할 수 있기 때문에 이처럼 좋은 작품을 완성시킬 수 있다고 생각합니다.

옻漆 장인 중에 고故 홍순태 선생님께서는 고령인 70세 때 "옻과 함께 한 50여년을 살아보니 무언가 조금은 알 것 같다"라고 하시면서도 옻의 신비스러움에 통달하지 못함을 아쉬워하셨는데, 범주스님께서는 그동안 옻의 독성에 의한 옻오름漆瘡의 고통을 감내하면서도 오로지 부처님의 가르침을 '천년 한지韓紙에 만년 옻'의 토대를 세워 천년 달마도 칠선화漆禪畵를 완성시켜 공개발표 전시회를 갖게 되니, 묵화墨畵에서 독창적인 칠묵화漆墨畵를 최초로 창조시킨 것이 아닌가 생각되며, 이는 범주스님께서 젊은 시절 대학에서 미술을 전공하시고 오랜 기간 참선수행을 하면서 전국은 물론 해외를 오가며 각종 기금 모금에 참여하면서 자신을 비우고 생활하심이 그 초석이 되지 않았나 생각됩니다.

옻漆문화 분야에서 40여 년간 종사해온 본인으로서도 옻문화에 대하여 자세히 알기가 매우 힘이 들며 오랜 경륜과 비법만이 제대로 된 옻漆작품을 창안 제작하는 데 있어 범주스님의 새로운 분야에 대한 장르 설정은 매우 바람직하며 이 분야에 있어 독보적 예술가로 우뚝 설 것이 분명하다고 봅니다.

이칠용李七龍(사단법인 근대황실고예문화협회 / 한국공예예술가협회 회장)

천년선화(옻칠선화) 전시회 이칠용 회장 축사

천년선화 달마도

할 만큼 상태가 심각했다는 것이었다. 달마도의 영험에 대해서 들은 바가 있었던 그녀는, 예전의 내 전시회에서 포대화상 작품을 한 점 사 갔더란다. 그 그림을 남편 침대 위 머리맡에 걸어두었는데, 신기하게 도 하룻밤 자고 일어나자 남편의 두통이 말끔하게 가셨다며 매우 기 뻐했다. 그녀는 고맙다는 인사도 드릴 겸 자식들에게 그림도 나눠줄 겸 해서 나를 찾아 속리산까지 찾아온 것이었다. 선화의 밝은 선기禪 氣가 어두운 기운을 정화시킨다는 가설이 입증된 듯해서 스스로 퍽 뿌 듯했다. 옻칠에서 뿜어져 나오는 원적외선의 기운도 약간의 도움이 되 지 않았나 싶다. 내가 공들여 그린 그림 덕분에 한 집안의 근심거리가 사라졌다고 하니, 나로서는 여간 보람을 느끼는 일이 아닐 수 없었다.

옻칠선화 두 번째 전시회는 서울 목동에 있는 국제선센터에서 열렸다. 2010년 완공된 국제선센터는 조계종이 정부의 지원을 받아 설립한 건 물이었다. 서울 도심 한복판에 세워진 웅장한 규모의 7층 건물은 종단 의 정통 수행법인 간화선을 내외국인들에게 널리 알린다는 취지를 갖 고 있었다. 한국 최고의 정신문화유산인 선을 세계에 보급하는 전진기 지는 나의 선화 작품과도 연결고리를 지녔다.

미국에서 10년을 살면서 미국의 지성인들이 동양사상의 정점인 선에 대해 얼마나 큰 관심을 갖고 있는지 피부로 느꼈던 바다. 한국불교가 자랑하는 정신문화가 세계로 퍼져나갈 것이라는 확신과 기쁨에 들떠 서 열흘 동안 정성을 다해 달마좌상을 그리고 옻칠을 했다. 세로 5미 터 가로 3미터로, 그동안 내가 그린 작품 중에 최대 크기의 천년선화 였다. 흔쾌한 마음으로 그림을 기증했고, 작품은 국제선센터 7층에 자

리한 선원에 모시게 되었다. 내가 자발적으로 국제선센터의 발전을 위해 모셨던 것이다. 이러한 인연으로 국제선센터 1주년 기념행사에 초청되는 영광을 얻었다. 당시 주지인 현조스님이 초청해주었다. 이렇게 두 번째 천년선화 전시회는 성황리에 마무리됐다. 천년선화에 대한 대중들의 관심이 조금은 많아진 듯해 보람을 느꼈다.

문을 연 지 얼마 되지 않아서인지 국제선센터의 내벽엔 삭막한 기운이 감돌았다. 센터 분위기가 한결 부드러워지기를 바라는 마음에서 천년선화 전지 작품 20여 점을 더 기증하고 전시회를 마쳤다. 그 후에도 옻칠선화 정진은 계속되었다. 그리고 2013년 10월 인사동 한국미술관 전관을 대관해서 천년선화 고희전을 열었다.

| 천년선화 산수만행도

선화 도자기

生從何處來
死向何處去

한산습득도

禪茶一味

승도

고희전을 열다

2013년 세속의 나이로 일흔을 맞았다. 선화를 그려온 지 40년도 훌쩍 지났다. 그간의 인생을 되돌아보고 초발심을 되새기자는 취지에서 고희전古稀展을 열기로 했다. 그동안에는 되도록 색채를 사용하지 않았는데 이번에는 색채를 사용한 산수화를 제작하였다. 그리고 옻칠로 밑바탕의 질감을 추상화같이 표현한 위에 글씨를 써서 색다른 서예작품도 창작하였으며, 그동안 내가 소장하고 감상하며 즐겼던 고화와 고승들의 선서를 전부 내놓고 새로운 주인에게 떠나보내기 위한 소장전도 같이 하게 되었다. 이제는 고희라는 인생의 늦은 가을철에 들어 겨울철을 준비해야 할 시절이기에, 집착이 가는 모든 것을 하나씩 하나씩 버리리라는 마음에서였다.

특히 이번 전시회가 의미를 지니게 된 까닭은 컬러옻칠 산수만행도山水萬行圖를 처음 선보였기 때문이다. 옻칠로 그린 산수만행도란, 옻칠을 한 밑그림에 색깔을 덧입히는 기법으로, 기존에 없었던 장르였다.

대중들의 반응은 좋았다. 전시가 끝난 저녁에는 선에 대한 일반인들의 이해를 돕기 위해서 강의도 매일 직접 진행했다. 7~8시 한 시간씩 매일 피곤하지만 강의를 하였다. 생각 외로 좋은 성과를 올리고 7일간의

천년선화 산수만행도

▲ 범주스님 천년선묵화 고희전 포스터

| 범주스님 천년선묵화 고희전 테이프 커팅식(성우스님, 성혜스님, 박찬수,
이칠용, 전보삼, 명호근, 정경연 내빈) ▼

| 선서

고희전은 막을 내렸고, 남은 작품을 싣고서 속리산으로 귀산하였다.

고희전 오픈식에는 많은 명사들이 참석하여 자리를 빛내주었다. 불교TV 회장인 성우스님, 전 선학원 원장인 성해스님, 수좌복지회 이사장인 의정스님, 국회의원인 주호영 님, 박물관 협회장인 전보삼 님, 전 인간문화재 회장인 박찬수 님, 옻칠공예협회장인 이칠용 님, 대불련 동문회 회장인 명호근 님, 서예박물관 관장인 근당 님, 불교여성개발원장인 정경연 님, 가수이자 백년장학회 이사장인 송춘희 님, 풍류도 원장인 신현욱 님 등에게 고마움을 전한다. 오픈 퍼포먼스엔 천재 피아니스트 임동창과 제자의 노래를 무대에 올렸다. 거기에 나의 달마 퍼포먼스가 어울려 전시회 오픈을 성대하게 알렸다.

천년선화 전시회는 고희전으로 3회째를 맞았다. 불자들의 관심이 부쩍 커졌고 그들의 그림을 보는 안목도 상당히 열린 듯한 느낌을 받았다. 앞으로 얼마나 더 전시회를 열 수 있을지는 모르겠다. 다만 나의 작품세계를 과시하기 위한 전시보다는, 보다 많은 사람들에게 감동과 위안을 주는 전시회를 하고 싶은 바람이다. 선화

천년선화 학도(월학)

는 내 정진의 결실이며, 전시회는 내가 정진으로 갈고 닦은 법력을 사부대중에게 전할 수 있는 포교이자 보시의 기회라고 생각한다. 이렇게 전시회를 많이 연 수행자도 드물 것이라 여겨진다. 남을 도울 수 있는 재능과 인연을 만나게 해준 부처님께 감사드릴 뿐이다.

한산습득도

선 퍼포먼스

선禪 퍼포먼스를 시작하게 된 것은 미국에 있을 때였다. 선음악, 선무용, 선미술을 하는 미국인 예술가들이 한 자리에 모여 선 예술을 주제로 세미나를 열었다. 소식을 듣고 세미나에 참석했다가 우연히 뉴욕대학 교수이자 선무용가인 이선옥 씨를 만났다. 그 만남이 인연이 되어 함께 선 퍼포먼스를 준비하게 되었다. 선음악, 선무용, 선미술이 어우러진 종합예술의 한마당은, 최첨단의 기술문명을 자랑하는 미국인들에게 상당한 호응을 얻었다. 덕분에 이후에도 수차례 공연을 열 수 있게 되었고, 록펠러 재단이 운영하는 아세아 소사이어티 극장과 프랑스 르몽드 문화센터 등에서도 호평을 받았다. 획기적인 동양적 바디페인팅이 곁들인 퍼포먼스, 선묵 퍼포먼스는 서양 회화에만 익숙한 외국인들에게 신선한 충격을 안겨주었다.

선 퍼포먼스는 음악, 춤, 조각, 그림이 하나가 되어 각자가 자기 예술 속에 빠져 무심으로 어우러지는 공연양식이다. 선퍼포먼스는 일반 퍼포먼스와는 다르다. 무엇을 상상하거나 무슨 주제를 표현하기 위함도 아니요, 미리 정해둔 시나리오나 줄거리도 없다. 오직 자기들의 작업에만 몰입해서 무아無我의 경지에 들어간다. 무아의 상태가 자아내는 독특한 에너지는 관람객들의 마음에 전이되어 순간적으로 모든 생각들을 멈추게 만드는 효과를 갖는다. 예술을 통해 얻어지는 이심전심인 셈이다.

선 퍼포먼스의 공연시간은 대략 1시간 남짓이다. 자못 긴 시간인데, 한 치의 흐트러짐도 없이 집중력을 유지하는 것이 공연의 관건이다. 퍼포먼스를 시연하는 사람과 그것을 지켜보는 사람들의 정신적 합일을 지향하는 것이다. 공연자와 관람자의 마음이 하나가 되면, 일순 마음이 소멸한 것 같은 느낌을 체험하게 되며 마침내 마음의 정화가 실현된다. 그러므로 선 퍼포먼스는 생각이 끊어지는 무아 속에서, 영적 체험을 전달하기 위한 도구인 셈이다.

큰 붓을 잡고 퍼포먼스를 시작하면 머지않아 무아 상태에 이르게 된다. 내가 의도적으로 그림을 그리는 것이 아니라 순수한 자성이 본능적으로 꿈틀거리는 경지다. 작품에 몰입하다 보면 관중도 눈앞에서 사라지고 음악소리도 들리지 않게 된다. 오로지 붓과 하나가 되어 우주의 순수에너지에 따라 움직이게 되는 것이다. 자아도 대상도 소멸하고 절대적인 몸짓만 남는다. 가끔 무아 상태로 그림을 그리다 보면 큰 붓이 부러지는 일도 생긴다. 그럴 땐 부러진 붓대가리를 가지고 그린다. 무아와 무념의 역동, 이것이 바로 선 퍼포먼스다.

167

전국사진작가 촬영대회 퍼포먼스(법주사)

세계 각국의 영부인들을 감동시키다

큰 붓으로 달마도를 그리는 퍼포먼스는 달마도의 유행과 더불어 대중의 관심을 받았다. 특히 2005년 부산에서 열린 APEC 행사에 초청받아 열었던 퍼포먼스는 나의 작품 인생에 새로운 전기를 만들어주었다. 부산의 대찰 범어사는 당시 APEC 행사에 참석하기 위해 내한한 세계 각국 정상들의 부인 10여 명을 초청해 한국의 유구한 불교문화를 소개하는 자리를 마련했다. 범어사 측은 한국불교의 진수가 담긴 선 퍼포먼스가 훌륭한 프로그램이 되리라는 판단에 나를 초대해주었다. 커다란 괘불이 설치된 무대에서는 먼저 영산재 공연이 펼쳐졌다. 30분에 걸친 영산재가 끝나자 내 차례가 되었다.

대북 소리에 맞춰 달마도를 순식간에 그렸다. 대붓을 가지고 빠르고 힘 있게 달마를 그리는 진풍경에 각국의 영부인들은 눈이 휘둥그레졌다. 조용히 찻상 앞에 놓인 차를 마시던 영부인들은 자기도 모르게 흥이 나서 내가 그림을 그리는 주변으로 몰려들었다. 달마도가 완성되자 그녀들은 손뼉을 치면서 환호성을 질러댔다. 나는 퍼포먼스를 마치고 달마도 한 점씩 영부인들에게 선물하고서 속리산으로 돌아왔다. 전 세계에서 모인 영향력 있는 인사들에게 한국불교의 얼을 전파했다고 생각하니 무척 뿌듯했다.

2006년 부산 APEC 세계 정상 영부인 초청 달마퍼포먼스(부산 범어사)

APEC이 끝난 후 청와대는 행사가 잘 마무리될 수 있도록 도와준 사람들을 초청해 만찬을 열었다. 달마도 퍼포먼스를 시연한 덕분에 나도 한 자리 차지할 수 있었다. 구석 자리 테이블에 말없이 앉아 있는데, 사뭇 놀라운 일이 벌어졌다. 만찬을 주재한 노무현 대통령이 대뜸 내 이름을 부르는 것이었다. 연단에 올라 인사말을 하던 노 대통령은 돌연 "범주스님, 어디 계십니까? 잠깐만 일어나주십시오"라며 나를 호명했다. 너무도 갑작스런 일이라 얼떨떨하던 나는 한동안 멍하니 있다가 정신을 가다듬고 자리에서 일어나서 알은체를 했다. 노무현 대통령이 이르길 "스님께선 스님 키보다도 더 큰 붓을 가지고서 외국 영부인들의 기를 다 쓸어버렸다"며 즐거워했다. 만찬에 참석한 인사들도 힘껏 박수를 치며 성원해주었다. 나는 미소와 함께 합장으로 답례를 하며 자리에 앉았다. 당황스러웠지만 슬며시 얼굴에 미소가 그려졌다. '달마대사를 오래 그리다 보니 애국하는 일도 다 생기는구나…' 속으로 생각하며 내심 보람이 됐다.

그 이듬해인 2006년에는 멀리 동남아시아 태국에서 달마도를 그릴 일이 생겼다. 태국 국왕의 80번째 생일을 기념해 세계불교도 대회가 태국에서 개최됐는데, 내게도 초청장이 날아왔다. 한국 대표단 스님 몇 분과 함께 비행기를 탔다. 태국의 수도인 방콕 도심에 위치한 대형 백화점에서 태국의 왕족들과 승려, 예술가들 앞에서 한국의 선묵달마 퍼포먼스를 멋들어지게 선보였다.

이밖에도 세계 각국을 돌며 마치 법의 등불을 전하듯 한국불교 미술의 정수를 전했다. 한 번은 한국 현대미술가협회 회원들과 중국 성지

│ 태국 국왕 80세기념 세계불교도대회 초청 퍼포먼스(방콕)

순례를 떠났는데 달마대사가 주석하던 소림사를 들리게 되었다. 소림
사 마당에서 세로 5미터 가로 3미터 천에 대붓으로 달마상을 즉석으
로 그려서 소림사 주지에게 기증하고 돌아왔다. 한중 선차禪茶대회 기
간에도 백림사의 대형무대에서 달마도를 그려 백림사 주지에게 선물
하기도 했다. 대만 불광산사의 초청으로 한 달 동안 달마도 전시회를
열기도 했다. 달마도는 참나를 완성하고 참나를 드러내기 위한 방편이
었으므로, 나는 아무런 대가도 바라지 않았다.

진정한 선묵일여를 구현하려면

미술대학 4학년 반 학기를 남겨놓고 출가했다. 졸업장보다 나의 정체성을 찾는 것이 더 중요하다는 결론을 내렸기 때문이다. 출가한 후 10년 되도록 참선공부에만 전념하고 붓에는 손끝도 대지 않았다. 그러던 중 해인사 선원 안거에서 지나치게 용맹정진한 탓으로 상기上氣 위장병이 생겼다. 대중선방에서 정진할 수 없어서 깊고 높은 산속 무주 적상산 안국사로 적을 옮겼다. 여가시간이 많아져서 그간 멀리 했었던 붓을 들었다. 그리고 화두정진의 보조방법으로 선묵을 하기 시작했다. 붓을 들면 몰입이 잘 되어 그림삼매에 잘 들 수가 있었다. 망념과 망상을 가라앉히는 데 좋은 방법이었고, 참선공부에도 도움이 되었다. 무념의 자리에 들어가는 데에 그만한 방편이 없었다.

선묵은 나의 훌륭한 도반이었다. 사람마다 각기 다른 체질과 성격에 맞춰 알맞은 수행방법을 선택하는 것도 알찬 일이라 생각된다. 그림에 대한 기본기를 갖춘 나는 제대로 된 선묵일여를 위해 먼저 역사적으로 알려져 있는 중국, 한국의 명품선묵 자료를 모아 베끼는 것부터 시작했다. 열심히 연마 정진하다 보니, 나만의 필력과 심미안이 형성되었다. 말하고자 하는 요지는 오래고, 투철한 수행이 바탕이 되어야만 진정한 선묵의 세계를 구현할 수 있다는 것이다.

청산은 나를 보고 밤없이 살라하고 창공은 나를 보고 타없이 살라하며

소리찬

산수만행도

미술대학 시절의 친한 친구였던 함섭 화백과 박용인 화백은 미술계의 원로가 되어 있었다. 출가 이후엔 서로 가는 길이 달랐기 때문에 별로 만날 일이 없었다. 수행자가 된 이후엔 일반미술계와는 담을 쌓고 지냈다. 그러던 중 몇 년 전 국전의 후신인 대한민국 미술대전 공모전에서 선묵화를 전통공예 부문으로 모집한다는 소식을 우연히 들었다. 선화가 일반사회에서도 대중화되는 계기가 되겠다 싶어 무척 반가웠다. 물론 선화만을 수행의 방편으로 삼아 40여 년 동안 정진해 온 나로서는 반가운 마음과 더불어 염려스런 걱정의 마음이 들기도 했다.

물론 선화가 사회적으로 널리 알려지는 건 환영할 일이다. 하지만 선묵화의 기본적 목표는 선수행을 통한 심성의 정화에 있다. 미술대전 응모를 통해 선화에 대한 사람들의 관심이 높아지고 저변이 확대되면, 자칫 기교만을 중시하는 선화가 득세할까 걱정되는 것이었다. 밝고 맑은 수행의 기운을 통해서 그려진 선묵은 생명의 기운으로 전이되어 감상자의 마음을 이심전심으로 깨끗이 씻어주는 그림이다. 그런 연유로 선화는 달마대사 이후 선의 발달과 함께 내려온 선문화 예술로 자리했다. 선의 정신을 전하는 그림으로써 참선수행하는 선승들이 그려 온 그림인 것이다. 본질적으로 깨달음과 수행에 도움이 되도록 하는 목적의 그림이다. 때문에 일반 세속 화가들이 수행이 뒷받침되지 않은 손기술로만 그린 선묵화는 내용 없는 껍데기에 불과할 것이 뻔했다. 일반 화단의 공모 대상이 된다는 것도, 선묵화를 공예 분야에 넣었다는 것도, 선묵화의 기본 원리를 너무 모르고 있는 게 아닌가 우려되는 것이었다.

천년선화
산수만행도

화단에서 하는 일을 비난하겠다는 의도는 아니다. 선묵화의 진정한 의미와 원칙을 이야기하고 싶을 뿐이다. 선의 목적은 인간의 심성을 닦아 진리를 깨닫고 생사문제를 해결하겠다는 것이고, 선화는 그렇듯 지고한 경지의 예술적 형상화다. 불교 최고의 수행방법인 선예술이 개인적인 명예나 금전을 위해서 악용되어 잘못 전해진다면 끔찍한 과보를 받게 될 것이다. 무거운 마음으로 선묵화 공모를 주도한 분을 만나서 상황을 살펴보기로 하고 참여하였다. 처음부터 정도로 갈 수는 없더라도 가능하면 다듬어 가면서 바르게 갈 수 있지 않겠는가 하는 희망을 갖고 참여한 것이다. 시작이 반이라고, 시작이 중요하다. 그러나 염려했던 바와 같이 계속 참여해야 할 의미를 발견할 수 없어서 결국 손을 놓았다.

현대는 황금만능주의의 사회다. 오직 돈이 최고의 가치기준이 되는 시대다. 예술세계도 이러한 시류에 영향을 받지 않을 수 없다. 그러나 정신성이 생명인 문인화와 선묵화는 정신성을 추구하는 사람들의 예술이다. 이것마저 테크닉 위주의 내용 없는 형식으로 전락한다면, 죽은 작품이요 생명력을 잃은 예술이 될 것이다.

최고의 권위를 자랑하는 국전에서조차 민속화가 선화로 둔갑되어 전시되고 있는 형편이다. 선의 꽃인 선묵화의 입지가 땅에 떨어진 현실이 안타깝다. 이러한 현실에서 선묵화는 그 가치와 고상한 품위와 최상의 정신성 차원의 예술로서의 전통을 재정립해서 다시 태어나야 할 것이다. 나 역시 선묵화가 세상으로부터 진정한 가치를 보상받을 수 있도록 일조를 하고 싶다. 이 몸이 얼마나 유지될지 모르겠지만 앞으로 선묵화의 정도를 가고자 하는 사람이 있다면 성심을 다해 가르칠 것이다. 없으면 혼자서라도 나의 길을 갈 것이다.

천년선화 반야심경 달마도

달마대사는 누구인가

달마대사는 남인도 향지국의 3번째 왕자로 태어났다. 어려서 불교에 귀의하여 스승인 반야다라 아래로 출가했다. 이후 크게 깨달음을 얻어서 석가모니 부처님으로부터 전승된 법통을 전해 받은 28대 조사祖師가 되었다. 그는 반야다라 존자의 명에 따라 동쪽을 향한 뱃길에 올랐다. 무려 3년이라는 세월을 항해해서, 서기 527년 9월 중국 남쪽의 항구도시 광주에 도착했다. 당시 중국은 남북조시대였고, 남조를 지배하던 양나라 무제를 만났다. 양무제와 문답을 나누던 달마대사는 유루복有漏福에 집착하고 있는 양무제와는 인연이 아님을 알고, 그와 결별했다. 갈댓잎을 타고 양자강을 건너 달마대사는 하남성 낙양 동남쪽에 위치한 숭산 소림사로 향했다. 숭산의 오유봉 정상에서 가까운 동굴을 거처로 정한 뒤 9년간에 걸쳐 좌선삼매에 빠져 지냈다. 이른바 벽관壁觀이라고 한다.

달마대사가 체류할 당시 중국에는 경전불교가 500년 전부터 들어와 성행하고 있었다. 스님은 불교의 교조화와 형식화를 낳는 문자 중심의 불교를 부정하면서 오직 불교의 심법인 직지인심直指人心과 견성성불見性成佛만을 강조했다. 경전을 읽거나 계율을 지키기 이전에, 오로지 자신의 참된 본성을 볼 줄만 알면 그대로 부처가 된다는 파격적인 주

| 달마도

장이었다. 달마대사는 자신의 독창적인 선법을 전할 후계자를 기다리며 9년의 세월을 면벽面壁으로 일관했다. 마침내 혜가를 만나서 전등傳燈에 성공했으나, 제도권의 고승이었던 광통율사와 보리유지의 질투와 모함으로 독살당하고 말았다. 비참하게 죽음을 맞았지만 부활함으로써 중국불교사의 신화로 남았다. 입적 후 관 속에 신발 한 짝만 남기고 서천西天으로 돌아갔다는 전설이다.

요컨대 달마대사는 중국 선종禪宗의 초조初祖로서 오늘날까지 동아시아 불자들의 숭앙을 받고 있다. 불교의 최상승 정법인 심법心法을 전한 생불生佛이었기 때문이다. 선의 궁극적 목적은 견성할 수 있는 심지心地의 계발에 있다. 달마가 바라본 불교는 부처님을 섬기는 종교가 아니라 자기 자신이 부처임을 깨우치는 종교였다. 깨달음의 지혜를 추구하는 까닭에 달마상의 경우 예배를 목적으로 한 존상은 거의 조성되지 않았다. 달마상은 복을 빌기 위한 숭배의 대상이 아니라 그를 본받아 견성성불을 이루기 위한 성찰의 대상이다.

달마도는 언제부터 그려졌나

달마도를 그린 선승 화가 가운데 가장 오래된 인물은 10세기 초 중국 오대십국五大十國 시대에 활동했던 관휴貫休 스님이다. 이후 남송·원대인 13세기에 달마도가 활발하게 제작되었다. 이 무렵 양해, 목계와 같은 중국 선승들의 그림이 일본에 전해지기 시작했다. 우리나라의 경우 선종의 6조 혜능의 남종선이 국내에 전래되면서 달마에 대한 인식도 생겨났다. 한국에 선불교를 도입한 인물은 도의국사로, 이 덕분에 대한불교조계종의 종조宗祖로서 추앙받고 있다. 도의국사와 함께 알아야 할 스님이 홍척선사다. 홍척선사는 선종을 크게 융성시킨 마조도일의 제자로 서당지장의 법을 이어받아 한국에 선을 꽃피웠다. 그는 지리산 실상사파의 선문을 열었고, 도의국사는 가지산파의 선문을 열었다.

실상산문과 가지산문을 비롯한 9개의 산문, 이른바 구산선문이 신라 말에 유입되면서 한국 선불교가 정착하게 되었다. 고려 후기에 선종이 융성하면서 달마도 역시 그려지기 시작했다고 추정된다. 반면 조선시대에는 배불정책으로 인해서 선승의 선묵이 별로 보이지 않는다. 오히려 국가기관인 도화서의 화공들이 주로 그렸다. 김명국과 심사정과 김홍도가 달마를 소재로 삼았으며, 조선 말기엔 조석진과 김은호와 김진우 등이 눈에 띈다. 일제강점기에는 학명스님과 통도사 경봉스님이 달마도의 대가로 이름을 떨쳤다. 현대에는 석정스님의 달마도가 상당히 유명하다.

달마도는 장구한 역사를 지닌 선종의 꽃과 같은 존재다. 그러나 오늘날의 달마도는 선의 심오한 의미에 대한 이해 없이 단순히 복을 빌기 위한 수단으로만 여겨져 마음이 착잡하다. 수년 전 SBS의 시사프로그램인 「그것이 알고 싶다」에 달마도를 둘러싼 미신적 기복신앙의 실상이 보도되면서 사회적으로 큰 반향을 일으켰다. 달마도가 부적으로 변질돼버린 현실을 개탄하지 않을 수 없다. 달마도의 범상치 않은 풍모와 기백이 일부 역술인과 장사치들에 의해 악용되면서 혹세무민과 돈벌이의 수단으로 전락하고 말았다. 달마도는 여전히 유행하지만 그 밑에 깔린 저의가 청정하지 않기에 바람직한 현상이라고 볼 수가 없다.

앞서 밝혔다시피 달마는 선종의 초조인 만큼 선화에서 가장 중심이 되는 소재다. 달마도의 본래 목적은 선수행을 통한 맑고 밝은 선기로써 그려진 달마상을 통해 사람들의 어두운 마음을 밝혀주는 데에 있는 것이다. 그런데 달마도가 어찌하여 불교의 탈을 쓴 미신과 부적으로 쓰일 수 있단 말인가. 달마스님의 가르침이 무엇인지도 모르고 선수행도 해보지 않은 사람들이 신기와 사기와 탁기로 그린 달마도는 진정한 의미의 달마도가 아니다. 사람들의 마음을 더욱 삿되게 할 뿐 정화시켜 주지 못하는 싸구려 그림일 뿐이다. 선종의 초조 달마스님에게 망신을 주고 최상승의 정법불교를 왜곡하는 사회적 현상이 하도 답답해서 신문에 글을 기고한 적도 있다.

'부적 달마도 풍년' 이대로 좋은가

멀리서 바라본 여름날의 논밭은 눈이 부실 정도로 푸르다. 풍성하게 살이 오른 벼들을 바라보는 농부는 들뜬 기분으로 풍년을 기대하기 마련이다. 그러나 유심히 살펴보니 벼들 사이로 잡초가 무성함을 알게 된다면 사정은 생판 달라진다. 얼핏 멀쩡해 보인다고 손을 놓고 앉아 있다간 자칫 한해 농사를 망칠 수 있다. 잡초를 뽑아서 벼를 보호해야 하는 것은 농사짓는 사람에겐 기본적인 상식이다. 그런데 농사짓는 사람이 벼와 잡초를 분간하지 못한다면 지독한 굶주림으로 긴 겨울을 보내야 할 처지가 되고 말 것이다.

달마도가 세간에 유행하게 된 것은 약 7~8년 전 SBS의 시사프로그램 '그것이 알고 싶다'에 달마도의 신비스런 이야기가 방영된 때부터로 알고 있다. 이후 TV와 신문을 통해서 붐을 일으키며 몇 년 동안 전성기를 누리던 달마도는, 그렇게 치켜세워주던 언론으로부터 철퇴를 맞았다. 달마도의 영험을 빌미로 터무니없이 비싼 가격에 그림을 판매하는 업자들의 얄팍한 상혼이 MBC 'PD수첩'에 적나라하게 보도된 바 있다. 혹세무민에 대한 업보일 것이다. 매스컴의 뭇매를 맞고 좀 수그러져 잠잠해지나 싶었는데, 얼마 전 가짜 달마도 사건이 일어나고 말았다. 달마조사를 존경하는 사람들에게 크나큰 실망감을 안겨주었다.

달마도는 아무나 그리는 것이 아니다. 오랜 수행으로 선기를 갈고 닦은 스님만이 달마도의 정신을 온전히 표현할 수 있다. 누가 그린 달마도든 세상에 많이 퍼지고 알려지면 그만큼 널리 불교를 알릴 수 있는 것 아니냐는 목소리도 있다. 그러나 이것은 불교를 맹목적으로 믿는 가짜 신앙과, 우주의 진리(불법)를 바로 믿고 실천해서 비로소 진리와 하나가 되는 불교를 분간하지 못하는 데서 비롯된 편견이다. 벼와 잡초를 분간하지 못한다면 불교의 탈을 쓴 미신만이 활개를 칠 뿐이다. 양적으로 많아지는 것보다 질적으로 바른 정법의 불교가 포교되는 것이야말로 불교의 올바른 발전이다.

달마조사는 불교의 오랜 역사 속에서 부처님 다음으로 우뚝 솟은 봉우리다. 최상승의 정법인 선禪을 중국을 비롯한 동아시아 전역에 전파한 대 선지식이다. 세속에 떠도는 '무늬만' 달마도는 소승불교의 방편법에도 미치지 못하는 기복신앙의 부적으로 전락시켰다. 인류의 고귀한 스승이 한낱 귀신세계의 보스쯤으로 치부되는 꼴이다. 달마조사를 망신시키고 불교를 오도하며 미신적 관념을 조장하고 장려하는 데 일조를 했던 것이다.

미신적인 관념으로 기복신앙의 믿음에서 벗어나지 못하는 불교신도는 그렇다 치자. 심지어 신도들을 바른 가르침으로 인도해야 할 스님들까지도 공공연히 달마도를 부적으로 만들어 사람들을 속이고 있으니 참으로 통탄할 일이다. 중생들의 불안심리를 파고들어 장사치들이나 할 돈벌이에 매몰된 출가 수행자들을 보고 있으면, 한국불교의 앞날이 심히 우려된다. 모양만 그럴듯하게 베낀 달마도를 집에 걸어 놓으면 과연 재앙을 피하고 만사형통할 것이라고 믿는가. 달마도의 진정한 의미가 무엇이며 달마도의 영험이 어디에서 오는 것인지 바로 알지 못한다면, 평생토록 무명無明으로부터 벗어나지 못할 것이다.

달마도는 단언컨대 미신적인 부적이 아니다. 불교 최상승 정법인 참선 수행의 선 기운으로 그리는 선화禪畵다. 앞서 밝혔듯이 달마스님은 선종의 초조이고 그래서 선화의 소재로 가장 많이 활용되고 있다. 기복신앙은 불교가 우리나라에 처음 들어왔을 때, 무속신앙에 젖어 있는 사람들을 불법으로 제도하기 위하여 삼은 방편이다. 참다운 불자라면 달마도의 의의를 정확히 알고 기복신앙을 넘어 정법수행의 길에 들어서야 할 의무가 있다. 유치원 과정이란 초등학교에 가기 위한 과정일 뿐이다. 평생 유치원만 다녀서야 어찌 지혜의 성숙과 인격의 도야를 기대할 수 있겠는가.

한국불교는 오랫동안 부처님의 형상에 집착하고 부처님에게서 가피를 바라는 기복신앙의 차원을 벗어나지 못하고 있는 형편이다. 부처님의 진정한 가르침은 당신을 신봉하라는 것이 아니라 각자가 자신의 본성을 깨치라는 것이다. 그리고 그것에 이르는 방법으로 제시된 것이 탐(貪, 욕심), 진(嗔, 성냄), 치(恥, 어리석음) 삼독을 버리라는 것이고, 이 삼독三毒의 소멸을 위해 수행을 하는 것이다. 그럼에도 우리는 스스로 깨닫기 위해 노력하기보다 부처님이 우리의 욕심을 채워주기를 기원한다.

부처님의 정법을 왜곡하는 기복신앙은 반드시 지양되어야 한다. 우리 마음을 가리고 있는 업장業障을 여러 수행법을 통해서 녹여냈을 때, 그만큼 더러운 마음이 닦아져서 본성에 본래 갖춰져 있는 복과 지혜가 밝아지고 맑아진다. 아울러 밝고 맑아진 만큼 삶이 행복해지는 것이다. 마음을 닦은 만큼 행복이 커지고 결국에는 마음의 때(업장)가 다

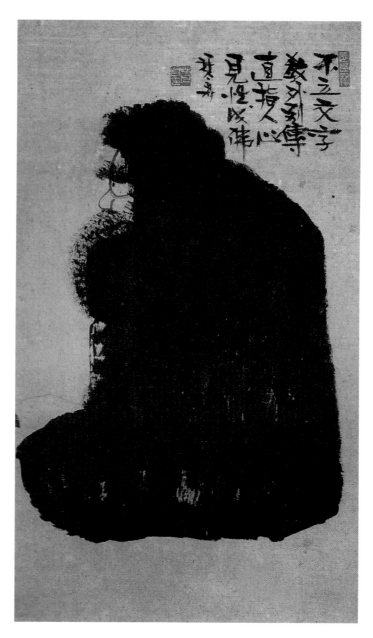

不之文字
教外別傳
直指人心
見性成佛
천화

천년선화 달마도

녹았을 때 영원히 없어지지 않는 무루복無漏福과 지혜를 얻게 된다. 이것을 일컬어 견성성불見性成佛이라 하고 해탈이라 하며, 궁극적으로 수행의 목적을 완성하는 일이다.

그러나 미신적 기복신앙은 현실적 유루복有漏福만을 구한다. 삶은 스스로 힘쓴 만큼 변화한다는 인과법의 진리를 무시하고 업장을 소멸하기 위한 노력을 기울이지 않은 채 복만 받기를 바라는 어리석은 믿음이다. 환상의 세계를 떠도는 신행행태는 성불의 길로 연결되지 않는다. 그러므로 육도윤회를 벗어날 수 없고, 생사해탈도 할 수 없다. 불교를 빙자한 사교邪教일 따름이다. 자기가 지은 업은 자기만이 닦을 수 있지 부처님도 대신해 줄 수가 없다.

부처님은 우리 중생의 병을 고치는 길을 가르쳐주신 영원한 진리의 스승이다. 그럼에도 헛된 욕망에 사로잡혀 미신적인 관념의 기복신앙을 하는 불자들이 적지 않은 한국불교의 현실이 참으로 안타깝다. 사찰들도 이러한 현실로부터 자유롭지 못하다. 무턱대고 복을 바라는 신도들의 심리에 편승하지 않으면 사찰의 운영조차 어려운 실정이다. 그리고 어긋난 불교 현실의 토양이 달마도 부적을 양산하게 만드는 셈이다.

지구촌이라는 개념에서 보듯 과학문명의 발달로 인해 이제는 온 세계가 한 집안이 되었다. 또한 정보매체의 발달에 힘입어 현대인들의 의식수준도 많이 높아졌다. 그러나 사람들의 관심은 존재의 충만이 아니라 소유의 극대화를 향해서만 치닫고 있다는 게 큰 문제다. 물질만능주의에 혈안이 돼 인간성의 사막화 현상이 가속화되는 형국이다. 이에 대한 반성의 차원에서 서양에서는 인간성 회복을 위하여 동양정신의 정점인 선禪의 열풍이 일어나고 있는 상황이다. 불교의 전통 정법인 활구 참선법을 보존하고 있는 한국불교가 미신적 기복신앙에서 벗어나지 못한다면, 앞으로 한국불교의 질적인 발전과 미래는 없을 것이 자명하다. 기복신앙을 극복하지 못한다면 지성인들과 젊은이들은 한국불교를 우습게 여겨 외면하게 될 것이다.

요즈음 달마도를 그린다는 사람들을 살펴보면, 잘못된 유형을 크게 세 가지로 분류할 수 있다. 첫째, 미신적 기복신앙 관념의 부적을 목적으로 그리는 사람. 둘째, 신기神氣와 삿된 기(邪氣)로 그리는 사람. 셋째, 선수행 없이 불교이론만 알고 손재주로만 그리는 사람이다. 선수행의 근본 바탕이 없으면 어두운 기운을 갖게 된다. 어두운 기운으로 그려진 달마도는 보는 사람에게 어두운 기운을 전해줄 수밖에 없다. 어두운 기운이 많아지면 어두운 일들을 불러들이는 게 당연지사다. 비슷한 에너지의 기운은 서로를 끌어당기기 때문이다.

반면 참선수행을 통해서 형성된 밝은 기운(선기)은 선화를 통해서 자연스럽게 전이된다. 마음을 밝히는 데 도움이 되고, 마음이 밝아지면 어두운 일들을 내쫓을 수 있다. 앞서 밝힌 대로 동류의 기운은 서로 끌어당기기 때문이다. 어두운 기운은 사라지고, 밝아진 만큼 그 사람의 인생이 전반적으로 밝은 삶의 질로 바뀌어 가는 것이다.

바로 이것이 달마도의 참된 영험인 것이다. 달마도의 진수는 겉모양에 있는 것이 아니고 수행을 통한 밝은 기운이 밑바닥에서부터 올라와야 한다. 또한 달마도를 그리는 사람의 청정한 선수행이 빚어낸 결과이기 때문에 보는 사람으로 하여금 마음의 정화를 촉발하는 것이다.

참선공부는 불교 최상승의 수행법이다. 이를 예술로 승화시킨 선화는 수행의 정수이자 한국의 자랑스런 정신문화유산이다. 만약 달마도를 악의적으로 이용해 기복신앙만 조장하여 중생들을 영원히 육도윤회에서 벗어나지 못하도록 부추긴다면, 선의 원조인 달마상을 한낱 돈벌이 수단으로만 삼는다면, 달마조사를 망신시키고 불법을 비방하는 대죄를 짓고 있음을 깨달아야 한다. 더불어 종단에서나 불교계 언론 역시 달마도를 부적으로 악용하는 일을 방관해서는 안 될 것이다. 장담하건대 부적 달마도의 유행은 오래가지 못하고 사그라질 것이다. 진실이 아니고 허상이기 때문이다.

부디 달마도의 진면목을 이해하고 동양 삼국 최초의 생불인 달마대사를 바르게 알아서 최상의 행복인 견성성불의 영원한 스승으로 모시기 바란다. 태양을 가리고 있는 구름이 사라지면 태양의 빛이 이 세상을 밝게 비춘다. 따뜻한 볕이 만물을 보살피듯이, 모든 인간은 누구나 부처님과 똑같은 불성을 본래 갖고 있다. 그러나 업장의 탐심, 진심, 치심의 구름이 본성을 가려서 어둡고 고통스런 중생의 삶을 살고 있다. 그래서 마음을 닦아 업장의 구름을 녹이면 그만큼 지혜와 복이 많아져 인생이 행복해지는 것이다. 즉 업장의 구름이 모두 사라지면 영원히 행복한 해탈세계에 살게 된다. 이것이 성불成佛이다. 육도윤회의 악몽을 벗어나서 영원히 고통 없는 진정한 삶이 되는 것이다.

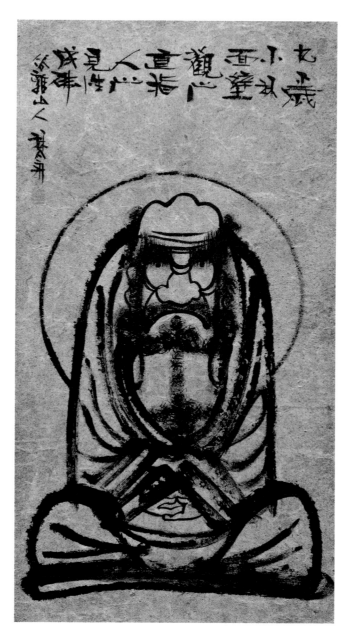

천년선화 달마도

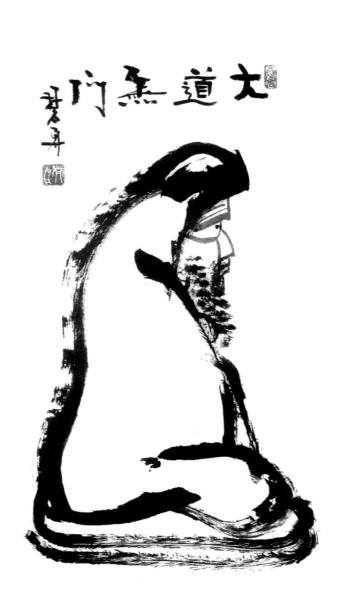

달마도

부처님이 사바세계에 오신 뜻이나, 달마스님이 중국에 오셔서 9년 간이 고행하신 목적이나 결국은 같다. 각자가 청정한 마음자리를 밝혀 정신적으로 풍요롭고 자유로운 삶을 살게 하려던 것이었다.

달마조사의 가르침인 교외별전敎外別傳, 직지인심直指人心, 견성성불見性成佛은 그 어떤 이념이나 철학도 따라올 수 없는 최고의 정법이다. 그런데 정법이 무엇인지조차 모르는 사람들이 미신적인 기복신앙으로 달마도의 의미를 변질시켜, 불교 역사에 우뚝 선 진리의 봉우리인 달마조사를 추락시키고 있다. 한갓 귀신놀이로 달마스님의 위상을 망가뜨리는 것도, 순진한 사람들을 꾀어 신세를 망치게 하는 것도 한탄스럽기 그지없다. 육도윤회의 고통에서 벗어나서 영원한 생사해탈을 돕는 무루복을 성취할 수 있는 불교의 정법이 하루빨리 복원되기를 기원해본다.

달마도의 미신화는 불법佛法과 달마조사를 비방하는 일이다. 이는 도저히 참회할 길 없는 무간지옥의 업을 자신도 모르게 짓고 있는 것임을 깨달아야 한다. 더구나 달마도 부적의 음습한 이미지 때문에 자칫 선수행과 포교의 좋은 방편인 선화 전체가 오명을 뒤집어쓸 위험이 있다. 선화 역시 원래대로 그 가치가 재정립되어야 할 필요성이 있다.

문제점을 제기하지 않고 그저 방관하고 좌시한다면 불자로서 동업을 짓는 것이라는 생각에, 불제자로서 도리가 아니라는 생각에, 글도 잘 쓰지 못하는 산승이 펜을 들게 되었다. 사람 몸 받아 태어나기 어렵고 불법 만나기는 더더욱 어려운 일이다. 영원히 고통에서 벗어나서 행복하게 살 수 있는 불교 정법의 최고 스승인 달마대사에게 더 이상 누를 끼쳐서는 안 된다. 겨우 부적 따위로 달마스님을 추억하는 것은 사견 邪見에 집착된 마음이며 인과법도 무시하는 허황된 마음이다.

달마도의 세속화에 대한 반성 없이 살아간다면, 세세생생 육도윤회의 악몽에서 벗어날 길이 없다. 불교를 바르게 알고, 달마조사를 바르게 알고 가르침에 따라 바르게 마음 닦으면서 살아가면 날마다 행복을 더할 것이요. 세세생생 행복이 더 커질 것이다. 종국엔 해탈 성불할 수밖에 없게 되는 것이다. 순리(불법)와 함께 하면 행복이 오고 벗어나면 고통이 오게 된다. 다 같이 불법의 바른 길을 따르며 모두 하나 되어 영원히 행복하게 살기를 발원한다.

선묵화禪墨畵를 배우려는 이들에게

(1) 인생에서 가장 가치 있는 삶

사람들은 모두 자기의 마음속에서 가장 가치 있는 일이라고 생각하는 일에 최선을 다하면서 삶을 살아가고 있습니다. 잠시 눈을 감고 '내 인생에서 가장 가치 있는 일이 무엇인가?' 생각해 보시기 바랍니다.

대부분의 사람들이 최고의 가치기준으로 삼는 것은 으레 다음과 같습니다. 돈을 많이 벌어서 부자가 되는 일, 좋은 이성을 만나서 부부가 되어 행복하게 사는 일, 훌륭한 명예를 성취해서 여러 사람으로부터 존경을 받는 일, 높은 권력의 자리에 올라 마음대로 호령하고 사는 일, 병 없이 사고 없이 건강한 몸으로 오래 사는 일, 맛있는 것 잘 먹고 잘 마시고 잘 놀면서 내 입맛대로 사는 일 등등입니다. 결론적으로 사람들 대다수의 희망사항은 욕망을 충족하는 데로 귀결되고 있습니다. 욕망을 성취하는 것을 삶의 주요 가치기준으로 두고 열심히들 살고 있습니다. 그러나 최선의 노력을 다해서 그러한 목적을 이루었다 해도 그 기쁨은 오래가지 못하기 마련입니다. 욕망의 속성은 본질적으로 결핍이어서, 아무리 채우고 채워도 부족하고 목마른 법입니다. 욕망을 계속해서 좇다보면 현재의 삶을 즐길 수가 없습니다. 세상은 자

| 승도

기 생각대로 흘러가지 않으며, 인연법에 따라 흥망성쇠와 희비고락이 교차하는 법입니다. 내가 원했던 바를 성취했다 하더라도 그 즐거움은 잠시일 뿐이며, 행복감이 떠나간 자리엔 커다란 상처와 고통만 남습니다. 사람들은 환상 속에 살고 있으며, 환상은 언젠가 사라지게 됩니다. 그리고 그때 고통이 옵니다.

우리는 자신의 몸과 생각을 '나'라고 여기는 착각에 의해서 살아갑니다. 이 에고(Ego, 아상, 我相)라는 개체의식으로 살기 때문에 탐욕에 휘둘리게 되고 자기 욕심대로 되지 않으면 대번에 화를 냅니다. 그리고 분노가 일어나면 이성이 마비되어 무의식적으로 어리석은 행동을 저질러 악업을 짓고 맙니다. 이러한 악업의 결과로 인해 괴로움과 고통을 받게 되는 것입니다. 몸을 나라고 동일시함으로 해서 탐욕과 죽음의 공포가 따르는 것입니다. 현상세계에선 이러한 인과법칙을 벗어날 수가 없습니다.

잠에서
깨어난 사람
자신 누군지를
깨달은 사람은
모두 부처다
그대 역시 부처다
그대는 지금 잠을
자고 있을 뿐이다.
-소리사-

우리의 삶은 ①의식이 푹 잠들어 있는 무의식 상태, ②꿈을 꾸는 잠재의식 상태, ③의식이 깨어나 안이비설신의眼耳鼻舌身意 육식六識이 작용하는 생시라고 하는 세 가지 상태로 크게 나눠집니다. 아울러 우리의 하루하루 삶이 전부 컴퓨터에 정보가 입력되듯이 무의식인 제8아뢰야식에 입력됩니다. 그리고 제8아뢰야식에 쌓인 업들이 다음 생을 만드는 원인이 되는 것입니다.

아뢰야식에 쌓인 업들은 죽어서도 사라지지 않습니다. 육체는 컴퓨터의 하드웨어와 같아 하드웨어가 낡아 더 이상 못 쓰게 되면, 안에 내장된 소프트웨어를 다른 컴퓨터에 장착해 쓰면 되는 것과 동일한 이치입니다. 입력된 삶의 정보의 업력은 변하지 않고 우리 몸의 유전인자로 변하여 재탄생합니다. 곧 몸이 바뀌어도 업력은 변하지 않습니다. 죽어서 저승에 가면 염라대왕 앞에 있는 거울 업경대業鏡臺에 한 생 살아온 삶이 모두 비친다고 합니다. 그 업경대가 그 사람의 무의식인 제8아뢰야식입니다. 이렇게 자업자득인 것이 인생인데, 누구를 원망하겠습니까? 세상을 다 속여도 자기 자신의 본성(부처)은 속일 수 없습니다.

모든 인간의 공통된 소망은 무엇이겠습니까? 갖은 고생을 감수하고 최선을 다해서 살아가는 것은 좀 더 행복한 삶을 살고자 하는 바람 때문입니다. 그것도 일시적인 행복이 아니고 모든 고통에서 벗어나서 영원히 행복하게 살 수 있는 길이야말로, 모든 사람이 꿈꾸는 최고의 행복일 것입니다.

그런 길은 과연 없을까요? 모든 사람이 추구하는, 앞에서 말한 5가지 욕망은 성취했다 해도 잠시일 뿐입니다. 영원하지 못하고 윤회의 바퀴를 벗어날 수 없습니다. 영원히 고통에서 벗어나서 행복하게 살 수 있는 이 문제를 해결하기 위해서 종교라는 것이 존재합니다. 그러나 어떠한 종교라도 진리와 하나 되는 정도正道의 길을 이해하고 믿고 실천해서 가지 않는다면, 끝내 해결할 수가 없습니다.

진리라는 것은 불멸한 존재입니다. 그러므로 진리를 깨달아 하나가 되면 여러분도 불멸의 존재가 되는 것입니다. 그리고 진리라는 것은 멀리 있는 것이 아니고 여러분의 마음속에 있습니다. 정확히 말해서 여러분의 순수한 마음이 바로 진리라는 것입니다. 그러니 내 본래의 순수한 마음자리를 보게 되면 진리를 깨닫게 되고, 진리를 깨닫게 되면 내가 본래 영원히 변함없는 진리임을 확인하게 됩니다. 영원한 행복이 결국 나임을 알게 되고, 나아가 나뿐이 아니라 모든 사람이 진리의 당체當體이고, 모든 우주 삼라만상이 진리의 몸임을 알게 되면, 우리는 영원히 행복한 대자유를 만끽할 수 있습니다.

영원히 행복한 삶은 나의 본래 순수한 내 마음만 확인하면 간단히 이루어집니다. 이것이 부처님의 말씀인 팔만대장경의 핵심입니다. 영원히 행복한 삶을 살기 위해서는 욕망충족에만 치중하는 잘못된 인생관과 가치관을 전환시켜야 합니다. 부처라는 것은 깨달은 사람이라는 의미입니다. 곧 나의 청정한 본래 마음자리를 명확히 관찰하는 이가 바로 부처인 것입니다.

석가모니 부처님께서 영원한 행복을 누릴 수 있는 길을 깨닫고서 하신 첫 번째 말씀이 "중생 중생이 부처의 지혜덕상을 갖추고 있건만 어리석어서 돌이켜 제 마음속에서 찾지 못하는구나!"입니다. 누구나 다 부처님 당신과 같은 불성(佛性, 본성)을 원만하게 갖고 있다는 것입니다. 그런데 사람들은 마음이 어두워서 이 말을 믿지를 않고 이해를 하지 못했습니다. 그래서 사람들의 근기에 따라 그에 맞는 설명을 하신 것이 49년간에 걸친 설법이었습니다. 말씀의 내용은 얼핏 제각각으로 보이지만, 요지는 영원히 고통 없이 행복을 누릴 수 있는 길을 얻으려면 너의 가장 순수한 마음을 살펴서 확인하면 그만이란 것입니다. 자기의 본성을 깨치면, 지금 있는 그대로 영원히 행복한 사람, 부처가 된다는 역설입니다.

누구나 자기의 마음속에 진리를 품고 있습니다. 더 정확히 말하면 누구나 이대로 부처라는 것입니다. 엉뚱한 착각으로 만들어진 나의 이미지에 집착하여 에고(아상, 我相)가 생겨서 아상인 허상을 나로 믿고 살아가니 잘못된 삶을 살게 되고, 진짜 영원한 나를 잃어버리고 고통 속에서 육도윤회의 바퀴에서 헤어나지 못하고 있다는 것입니다. 잘못된 삶이란 탐욕심을 비롯해 화내는 마음, 어리석은 마음인 삼독심三毒心에 중독되어 사는 것입니다.

세상에서 가장 가치 있는 일이란 영원히 고통에서 벗어나서 생사 없이 행복하게 사는 길을 알고, 이를 믿고 행하며 정진하는 길일 것입니다. 곧 진리를 깨닫는 길입니다. 진리는 저 하늘이나 바다 속에 있는 것이 아니고 내 마음속에, 아니 내 마음이 진리입니다. 깨달음이란 이를 발견해서 확인만 하면 되는 일입니다. 진리를 구하겠다고 이리저리 찾아다닐 필요도 없고 누구한테 따로 얻을 수 있는 것도 아닙니다. 나의 내면에 성성하게 빛나는 광명을 볼 줄만 알면 깨달음은 완성됩니다. 어떤 선택된 사람만이 진리를 성취할 수 있는 것이 아닙니다. 누구나 마음이 있으면 누구나 부처가 될 수 있습니다. 다만 그것을 확인하지 못하면 온갖 번뇌와 망상 속에서 고통을 벗어날 수 없게 되는 것입니다.

눈은 만상을 다 비추지만 눈 자체는 비출 수 없듯이, '참나'는 오히려 너무 가깝기 때문에 발견하기가 어렵습니다. 끝없이 일어나는 생각들 때문에 가려서 생각을 일으키는 당처當處인 참나를 자각하지 못하는 것입니다. 그러기에 생각을 멈추면 바로 진리이고 깨달음입니다.

아상으로서의 나라는 것은 실재하지 않으며, 생각으로 만들어진 환상적인 이미지일 뿐입니다. 생각으로 만든 나라는 이미지를 나라고 집착

부처는 부처를
구원하지 않는다
━━━━
[印]

| 승도

하고 사는 것이, 모든 악업의 근원이며 근본 무명이며 원죄입니다. 나라고 믿는 아상이 헛된 환상임을 바로 보기만 하면 '가짜 나'는 사라지고 맙니다. 허상이 사라지면 '진짜 나'가 보이게 되는 것입니다. '진짜 나'는 어떤 형상도 없고 텅빈 무한한 공간 속에 뚜렷하고 신령스런 기운으로 가득 차 있습니다. 이것이 오고감도 생사도 없는 본래 참나의 모습입니다. 참나의 모습을 깨달으면, 모든 번뇌와 모든 고통의 원인인 삼독심이 스스로 사라져 버립니다.

순수한 마음의 경지에서 보면 나도 없고, 너도 없습니다. 석가모니 부처님은 왕자로 태어나서 세상 사람이 추구하는 부富와 권세를 거머쥐고 있었습니다. 그러나 이것들의 허망함을 느끼고 히말라야 설산에 들어가 6년 고행에 매진했습니다. 그리고 그때 당시 유행하던 모든 수행법을 섭렵하였지만, 생로병사라는 근본적인 문제를 해결할 수는 없었습니다. 이후 모든 고행을 버리고 보리수나무 아래에 앉아서 일체의 생각을 내려놓고 완전히 쉬었을 때 깨달음이 찾아왔습니다. 인간의 생로병사 문제를 해결하고 영원한 해탈의 길로 들어선 것입니다.

내가 없는데 생사가 어디 있겠습니까? 기존에 나라고 믿던 것은 생각의 장난이 빚어낸 환상임을 어서 빨리 깨우쳐야 합니다. 참나를 깨우치게 되면 본래 항상 진리만이 존재하는 세계라는 것을 알게 됩니다. 요컨대 인생 최고의 가치인 진리를 깨닫는 일, 나의 본래의 정체성을 확인하는 일, 영원불멸의 존재가 되고자 노력하는 사람이 가장 용기 있는 사람입니다.

결론적으로 인생에서 가장 가치 있는 일은 영원히 행복하게 사는 일입니다. 이것을 이루기 위해서는 진리와 하나가 되어야 하며, 그러기 위해서는 나의 참된 본성을 발견해야 합니다. 곧 이 길이 마음 닦는 길이요, 깨닫는 길입니다. 또한 같은 병이 걸려도 체질에 따라 약 처방이 다르듯, 감성적인 체질에게는 예술성을 접목한 방법인 선묵화, 선음악, 선무용 같은 방법이 참나를 성취하는 데 잘 맞는 방법이 됩니다. 선묵화를 배우러 오는 사람은 묵화를 통해서 선으로 들어갈 수 있습니다.

그러므로 여러분이 여기까지 오는 것은 세상에서 가장 가치 있는 일을 이루기 위해서 오는 것이므로 시간을 투자할 충분한 가치가 있다고 봅니다. 공부도 시절 인연을 놓치면 하고 싶어도 할 수 없습니다. 아무쪼록 열심히 해서 인생 일대사 문제에 대한 해답을 찾으며 영원한 행복으로 가는 길에 오르기를 바랍니다.

(2) 선묵화를 시작하는 기본자세

여행의 길을 떠나기 전에 목적지를 정확하게 알아야 함은 상식입니다. 반드시 약도를 챙겨야 하며, 그쪽의 지리를 훤히 꿰뚫고 있는 안내인이 있다면 헛고생을 하지 않고 보다 빠른 시간에 목적지에 도달할 수 있는 법입니다. 내면에로의 여행도 마찬가지입니다. 본래마음을 향한 '길 없는 길'을 가기 위해서는, 안내인을 철저하게 믿어야 합니다. 정신을 집중해 그의 말을 잘 듣고 잘 믿어서 따라야만, 깨우침을 얻을 수 있는 것입니다.

수행자는 생사 일대사 문제를 해결하기 위해서 세상을 등지고 삭발하고 입산 출가한 사람입니다. 수행자라면 모름지기 참된 나의 정체성을 찾아야 합니다. 그러기 위해선 깨달음이 해결책이기 때문에 깨달음을 향해 수행을 해야 합니다. 그러기에 경전을 공부하고, 염불하고, 운력하고, 참선하고, 밥 먹고, 용변 보는 것, 잠자는 것까지 수행자의 생활 전부는 오로지 깨달음을 위한 것입니다. 팔만대장경 또한 궁극에는 깨달음에 이르는 길을 말씀하신 것이며, 불교의 모든 수행 방편들이 깨달음에 이르기 위한 수많은 길 가운데 하나일 뿐입니다. 선묵도 그림을 통해서 깨달음으로 가기 위한 방편입니다. 그저 시간을 보내기 위한 취미생활에 그친다면 배울 필요가 없습니다.

누구나 출가를 하면 행자생활부터 시작합니다. 행자 때 배운 불교의

선서

기초와 승려로서의 습의는 향후 수행자로서의 삶을 좌우할 만큼 큰 영향을 끼칩니다. 선묵화도 이와 같아서 기본 정신 자세와 기본 필법을 연마하는 것이 중요합니다. 선묵을 배워 정진하는 길이 어떻게 수행에 도움이 되는가를 잘 이해해야 하고, 선묵을 통해서 기어이 깨달음에 이르겠다는 신념을 정립해야 투철하고 지속적인 정진력을 기를 수 있습니다.

선묵화는 묵을 통해서 선으로 가는 길입니다. 선禪은 어떠한 형상도 없는 텅 빈 자리이지만 신령스럽게 모든 것을 아는 우리들의 본래면목 자리입니다. 그 자리엔 나도 없고 너도 없고, 중생도 부처도 없고, 오고감도 없고 생사도 없는 '참나'의 자리입니다. 그 자리를 깨닫게 되면 본래 생사가 없음을 확연하게 알 수 있습니다.

불교에서는 계, 정, 혜 삼학三學을 이야기합니다. 계戒를 통해서 바르게 생활하고, 정定이라는 선정수행을 통해서 악한 감정을 자비심으로 변화시키고, 경전공부를 통해서 혜(慧, 지혜)를 밝힘으로서 진리에 이르는 깨달음으로 나아갈 수 있는 것입니다. 계율을 참답게 지켜야 선정에 들 수 있고, 선정으로 고요해진 마음만이 올바른 지혜를 인식할 수 있습니다. 계, 정, 혜는 따로따로인 듯 보이지만 결국은 한 길로 통합니다.

선묵화는 선정의 길입니다. 감정이 순화되어 순수감정으로 변해감으로서 개체의식에서 전체의식으로서의 자비심이 가슴에 움트게 됩니다. 선정이 깊어지면 지혜와 바른 행위가 따라옵니다. 우리의 수행생활이라는 것은 결국 계정혜 삼학으로 귀결됩니다. 경전 공부를 통해서 지혜를 밝히고, 참선이나 기도를 통해서 선정력을 기르고, 대중을 위해서 자기소임에 충실하면서 계를 닦아가는 길이 되는 것입니다. 이 가운데 선묵화 정진은 선정을 닦는 공부라 생각하면 되겠습니다. 붓에 정신을 집중해서 선묵화를 그리다 보면 잡념이 사라지고, 정진력이 깊어진 만큼 마음이 맑아지고 필력도 강해지게 됩니다.

모든 수행법의 목적은 마음속에 들끓는 번뇌 망상을 가라앉히자는 것입니다. 번뇌 망상이 점점 사라지다가 생각이 멈추는 경지가 되면 선묵 삼매에 들게 됩니다. 급기야 삼매 속에서 선기(禪氣, 순수에너지)가 발생하여 이것이 작품에 스며들게 됩니다. 곧 무념의 상태에서 나오는 그림만이 진정한 선화인 것입니다. 선화 정진은 곧 무념(선)으로 들어가는 하나의 방법이요, 그림을 그리는 사람에게는 그림을 통한 참선의 길이 되는 것이요, 그림을 바라보는 이에게는 그림에서 뿜어져 나오는 선기를 통해 마음을 정화할 수 있는 것입니다.

세속에서는 이른바 진眞, 선善, 미美의 완성을 통해서 진리를 추구하고

천년선화 산수만행도

인간완성을 이룹니다. 반면 불가에서는 계, 정, 혜를 통해서 깨달음을 이루고 부처를 이룹니다. 여러 학인 스님들에게 경전공부는 지혜를 밝혀주고, 선묵은 선정력을 길러주고, 전체를 위한 행위는 계행을 지키는 삶을 일궈줄 것입니다. 깨달음을 향해 계, 정, 혜를 닦아가는 이유는 이렇게 참나를 밝히자는 취지입니다.

선묵은 선정을 닦는 길이 되며, 그 정진력에 따른 맑고 밝은 기운(선기)은 선묵화를 통해서 보는 사람의 마음을 정화시키는 영향이 있으며 중생제도의 좋은 방편이 될 수 있습니다. 평생 수행생활의 좋은 도반이 될 수 있는 것입니다. 선화에 대한 바른 정신자세와 기초공부의 꾸준한 연마가 가장 중요한 기본이 될 것입니다.

(3) 선묵의 이해

인간들은 좀 더 편리하고 행복하게 살기 위해서 눈부신 물질문명을 이룩했습니다. 그러나 이제는 도리어 물질문명의 노예가 되어 가고 있는 실정입니다. 물질과 정신의 조화가 깨지면서 기계화, 비인간화 현상이 갈수록 가중되고 있습니다. 이기주의와 무한경쟁을 극대화하는 자본주의의 치성으로 인류파멸의 지경에 이르렀다고 할 수 있겠습니다.

이렇듯 위급한 현대사회의 상황에서 정신적인 위기를 타개할 돌파구는 동양사상이라고 확신합니다. 특히 동양사상의 모체요, 불교의 핵심인 선禪을 통해서 인류는 메마르고 각박한 영혼을 치유 받아야 합니다. 그래서 오늘날 선에 대한 지성인들의 높은 관심은 어쩌면 당연한 일입니다. 참선은 인간성회복(자아 발견)의 유일무이한 방법이기 때문입니다.

선禪이란 진리의 본체이며, 우리 본래의 근본 마음자리이며, 우주와 합일되는 본래 생사 없는 경지를 이릅니다. 그리고 선을 찾아 들어가는 법, 곧 인간 본래의 근본 마음으로 돌아가려 일념으로 노력하는 것을 참선정진이라고 합니다.

또한 참선정진하는 사람이 정진력을 바탕으로 묵墨을 가지고 일필휘지의 필법으로 선인禪人을 소재로 하여 그림을 그리고, 동시에 정진에 채찍이 되고 깨달음의 계기를 줄 수 있도록 하는 것이 선묵禪墨입니다. 그러므로 선묵은 여가의 취미나 장난 같은 것도 아니요, 재주 자랑이 되어서도 안 됩니다. 오로지 자아발견을 향한 엄숙한 참선정진의 연장선상에 있어야 하는 것입니다.

오직 정진의 힘으로 그리는 것이기에 선묵은 일반적인 서화書畵와도 차원이 다릅니다. 선묵화를 감상하고 있으면 마음이 정화되는 경험을 할 수 있습니다. 이는 선묵화가 지닌 탁월한 종교성에서 비롯됩니다. 시각적인 기교에만 치중하는 일반 서화에 비해 선묵화는 정신적인 내용, 곧 선기禪氣에 초점을 둡니다. 그래서 선묵화를 감상할 때는 단순히 눈으로 보는 것이 아니라 마음의 눈으로 느껴야 합니다. 감각적인 재미보다는 선묵화를 통해 자신의 마음을 돌이켜보며 회광반조回光返照를 이뤄야 한다는 것입니다. 이러한 맥락에서 선묵은 진정한 자아발

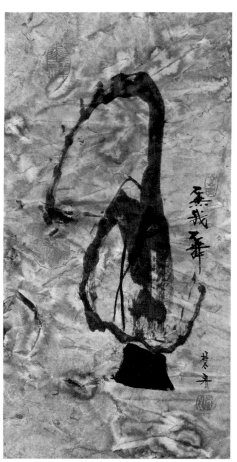

승무도

견의 길이며, 종교와 승속을 막론하고 모든 사람에게 권할 만한 참된 인생의 길이라고 말할 수 있습니다. 마음의 궁극적인 평화를 원하는 이들에게 알맞은 인생예도人生藝道가 아닌가 생각됩니다.

선묵의 최고 목표는 내용면에서는 참선정진하여 유심有心의 고개를 넘고 넘어서 생각의 길이 다한 무심無)에 이르는 것입니다. 아울러 형식면에선 기교의 고개를 몇 고비 넘고 넘어서 마침내 무無기교에 이르는 데 있습니다.

무기교법이라고 해서 아무렇게나 찍찍 그리는 것으로 오산하는 분들도 간혹 있습니다. 명심해야 할 것은 오랜 정진 끝에 무심과 무기교가 조화를 이룰 때 비로소 완숙한 선묵이 이루어진다는 것입니다. 오직 무기교를 통해서만이 무심을 드러낼 수 있는 법이며, 무심이 깃들지 않은 무기교는 이것도 저것도 아닌 엉터리 그림이 되고 맙니다.

역대 조사 스님들이 이르시길 "소금을 먹고 짠 줄 안다면 누구나 참선을 할 수 있다"고 하셨습니다. 그만큼 참선은 자기의 본성을 깨달아 영원한 행복을 누릴 수 있는 가장 정확한 길이자 가장 쉬운 길입니다. 아무쪼록 참선이 널리 만인에게 알려지고 생활화되어 우리 사회와 지구촌이 조속히 인간성을 회복할 수 있기를 기원합니다. 참선은 현대의 정신적 병폐를 고쳐 가는 동시에 복잡한 시대를 살아가는 현대인들의 정신적 원천이 되어야 합니다. 선禪은 새로운 시대의 창조적인 정신문화를 꽃피울 수 있는 진리의 샘입니다.

요사이 불화佛畵와 선화禪畵를 잘 구별하지 못하는 분들이 많습니다. 불화와 선화는 엄연히 다릅니다. 불화가 부처님에 대한 신앙을 기반으로 형상에 대한 외적인 표현방식에 중점을 둔다면, 선화는 선사상을 기본으로 해서 묵을 통해 작가의 내적인 정신내용을 있는 그대로 담박하게 그려내는 것입니다. 작품을 하는 정신자세와 표현방식의 차이, 선기의 유무에서 불화와 선화는 뚜렷하게 구별됩니다. 불화가 기교의 극치라면, 선화는 무기교의 정수입니다. 그러므로 달마상을 그렸다고 해서 전부 선화일 수는 없는 것입니다. 앞서 밝혔다시피 선묵화의 우수성은 선묵화를 그리는 사람의 정진력에 비례합니다. 곧 높은 차원의 예술적 성과를 거두기 위해선 튼튼한 참선정진이 뒷받침되어야 합니다.

개인적으로 감각적인 느낌의 채색화보다는 수묵화를 선호하는 편입니다. 채색화는 마음을 들뜨게 하는 반면 수묵화는 마음을 가라앉히기 때문입니다. 그림의 형태도 지극히 단순한데, 이는 자연스러운 기의 흐름을 중요시하기 때문입니다. 수묵화에선 이른바 선기직참禪氣直參을 극대화하기 위해 발묵법(潑墨法, 먹을 쏟거나 뿌리고 떨어뜨리면서 먹의 농담과 수분의 변화에 따라 다양하게 번지는 자유분방한 효과를 내는 것)과 감필법(減筆法, 본래 글자의 자획을 줄여서 쓰는 일)을 사용합니다.

무념무욕의 상태에서 표현된 자연스러움의 선화는 무념으로 들어가기 위한 도구이며 방편입니다. 무념 상태에서의 붓질은 순수의식의 에너지를 품고 있으며, 이는 탁한 에너지를 정화시켜 주는 작용을 합니다. 그러기에 선화를 하기 전에 먼저 선수행을 통해서 마음 비우는 수행이 전제가 되어야 합니다.

단언컨대 선기 없는 선화는 선화라 볼 수 없습니다. 무념으로 그려진
순수에너지를 품은 작품만이 사람의 정신을 맑게 깨울 수 있습니다.
이런 점이 문인화와 질적으로 다른 점이며 그래서 최상의 예술이라고
상찬할 수 있는 것입니다. 손재주만으로는 그릴 수 없는 그림입니다.
테크닉보다 그림이 풍기는 선禪의 기운이 중요하기 때문입니다.

선묵화는 취미의 그림도 아니요, 불사를 위한 그림도 아닙니다. 먼저
선수행이 전제되어야 하며, 그림을 통해서 사람의 심성을 맑혀 주는
포교 방법이어야 합니다. 무심필無心筆의 담담한, 자연스런 순수함이
선묵화의 특성입니다. 작가의 내적, 선적 깨우침과 미학이 남겨 있어
야 하며, 맑은 선기로써 감상자의 미적 체험을 일깨울 수 있어야 합니
다. 이러한 맥락에서 내용 없는, 선기가 없는 달마도 제작은 지양되어
야 합니다. 탁한 기운으로 제작된 달마 부적은 달마조사를 망신시키는
일이며 불교를 오도하는 일임을 명심해야 할 것입니다.

충북과 경상도에 걸쳐 광대한 자연을 품은 속리산. 그 산자락에 범주스님이 머물고 있다. 경북 상주 달마선원이다. 미국에서 10년간 포교를 마치고 귀국한 범주스님은 작은 황토 초가집 한 채만 있던 달마선원에 바랑을 풀었다. 흙으로 벽돌을 빚어 건물 한 채 한 채를 지으면서 10년간 속리산을 떠나지 않고 선묵수행에만 몰두하겠다고 결심했다. 수행자는 산에 머물러야 제격이다. 복잡한 뉴욕생활을 벗어나 아무도 없는 토굴에 든 스님은 "꽃이 피고 비가 내리고, 단풍이 떨어지더니 곧 눈이 오는" 속리산과 하나가 되기 시작했다. 참선 수행을 하고, 틈틈이 붓을 들어 선화를 그리느라 한 달간 세수하는 것도 잊고 살 정도였다고 한다.

지난 3월 말, 봄 햇빛이 가득 든 달마선원에 들어서자 입구 연못가에서 개구리 소리가 반긴다. 산에 사는 개구리들이 모두 모여든 듯, 거대한 합창을 한다. 스님 말씀에 따르면, 연못이 양지발라 알을 부화하기 좋아서인지 봄마다 개구리들이 연못으로 몰려들었다가 산으로 이동한다고 한다. 소박한 법당에 참배하고 전시장으로 들어섰다. 전시장 빼곡히 스님의 작품이 놓여 있었다. 선묵달마도, 선묵도자기 등 다양하다. 전시장 옆 다실에 마련된 찻상을 사이에 두고 스님과 마주 앉았다. 15년 전쯤, 스님을 처음 뵈었을 때 까만색의 인상적이던 수염이 하얀 빛으로 변해 있었다.

◆━━━━━━

　스님, 드디어 봄이 오는 것 같습니다.

조금 더 있으면 산색이 아주 좋습니다. 산에 살다 보니 흰 눈이 다 녹고 꽃망울이 막 오르기 전, 지금이 가장 볼 만한 것이 없긴 해요. 하지만 나뭇잎을 들추면 아주 여린 쑥이 삐죽 고개를 내밀어요. 지금 쑥이 가장 맛이 좋아요. 그것을 하나하나 따면서 산책하는 것도 재미지요. 저는 매일 같은 승복을 입고 같은 집에 사는데, 자연은 하루도 빠짐없이 변화합니다. 그런 변화를 지켜보는 재미도 쏠쏠합니다.

◆━━━━━━

　오면서 이런 생각을 해 봤습니다. 인생이 무엇인가라는 아주 원초적인 질문입니다. 그동안 저는 보통사람들이 그러는 것처럼 어떻게 살아야겠다는 설계를 하고, 나름대로 그 길을 만들어 가고는 있습니다. 하지만 정작 인생이 무엇인지 진지하게 성찰해본 적은 없는 것 같습니다. 봄의 기운을 받아 새롭게 돋아나는 자연을 보면서 문득 인생이란 무엇인가라는 생각이 들었습니다. 인생이란 무엇인가요?

이 세상을 살아가는 것은 바로 나입니다. 내가 더불어 세상을 살아가는 것이지, 세상이 날 위해 존재하는 것은 아니지요. 내가 잘 살려면 내가 누구인가, 내 존재가 무엇인가라는 질문을 끊임없이 던지고 답을 찾아야 합니다. 차를 운전해 오면서 만약 네비게이션에 잘못된 목적지를 입력했다면 지금 여기서 차를 마시고 있었을까요?

　그런데 간혹 목적지를 설정하지도 않고 사는 사람들을 보게 됩니다.

어떤 행동을 하면서 충동적으로 합니다. 그 결과에 대해서는 생각을 하지 않아요. 또 아무 생각 없이 직장을 다니고 생활하는 사람도 적지 않습니다. 요즘 사람들의 삶의 목적은 온통 돈을 버는 것에 있다고 하더군요. 그러나 그건 인생의 목적이 아니에요. 먹고사는 문제에 빠져 정작 이 짧은 인생을 어떻게 보람 있게 이끌 것인가 생각하지 못하는 것이지요. 바른 목적지를 설정하는 일이 가장 우선돼야 합니다. 그러기 위해서 인생에 대한 바른 견해를 가져야 합니다.

◆————————
　그래서 사람들이 종교를 찾는 것이 아닐까 생각합니다.

세상에서 해결이 안 되는 문제들이 있습니다. 생로병사의 문제지요. 어떻게 태어났는지, 그리고 죽으면 어디로 가는지 모릅니다. 그 해답을 제시한 성인들이 부처님이고, 예수님이고, 마호메트지요.

　현재 지구촌 사람들이 따르는 종교는 그런 문제에 대해 답을 제시하고 있습니다. 하지만 어떤 것이 정답인지 견해가 다르다 보니 사람들마다, 때론 사회마다 종교가 다른 것이지요. 제가 보기에는 가장 정확한 답을 제시하신 분은 부처님이세요. 기독교의 가르침은 과학이 발달할수록 충돌하고 있지만, 불교의 가르침은 과학이 발달하면 할수록 그 정확성이 증명되고 있어요. 2,600년 전에, 현대 과학에서 풀어낸 명제들을 정확히 제시한 부처님의 깨달음은 정말 알면 알수록 매혹적입니다.

　아까 인생이 뭐냐고 했지요? 부처님은 그 문제를 근본적으로 해결하셨습니다. 인생을 잘살기 위해서 인생을 잘 알아야 됩니다. 인생을 잘 알기 위해서는 나의 정체성을 올바르게 이해하여야 합니다. 그리고 그 바탕 위에 인생관을 세우고 살아야 합니다.

◆───────

그렇다면 인생을 살아가는 주체, 불교에서 말하는 '진정한 나'란 존재는 무엇인가 생각해 봐야 할 것 같습니다. 진아, 참나라고 하는 '진정한 나'란 무엇인가요?

우리는 우리 몸을 나의 전부라고 생각하여 집착하며 살고 있습니다. 정신(마음)을 이 몸을 유지하는 도구처럼 생각합니다. 몸이 나라는 착각에서 아상(에고)이 생깁니다. 아상은 살아오면서 생각으로 만들어진 허상인 자아상입니다.

이 아상을 참된 나라고 착각하여 에고의 삶을 사는 것이 우리의 인생입니다. 마음이 진정한 나의 정체성이고 몸은 삶을 위한 도구인데, 전도되어 주인과 종이 바뀌어져 사는 것이 보통 인간(중생)의 삶인 에고의 삶입니다. 허상인 거짓된 나를 바탕으로 사는 삶이기에 모래 위에 짓는 집처럼 어느 날 하루아침에 허망한 인생이 되고 맙니다.

마음이 주인이 되고 몸이 도구가 되는 삶은 허망하지 않고 고통이 없고 생사가 없는 행복한 삶이 영속됩니다. 이러한 삶을 대자유인의 삶, 해탈의 삶, 진정한 인간의 삶이라고 합니다. 곧 본래 부처의 삶이라고 합니다.

진정한 인간의 삶을 살기 위해선 나의 정체성을 깨닫지는 못하더라도 올바른 이해의 바탕 위에 인생의 설계를 세우고 살아가야만 합니다. 그래야 땅을 치고 후회할 인생을 살지 않을 것입니다.

천년선화 산수만행도

◆────────

　스님께서는 대학 재학 중에 출가를 하셨습니다. 이후 줄곧 선수행과 선화를 통한 수행으로 일관하고 계십니다. 어떤 원력으로 정진하고 계신지 궁금합니다.

이 몸이 작용을 멈출 때까지 두 가지 원력을 가지고 살고 있습니다. 첫째는 선화 행자 지도입니다.

　40여 년 간 선묵정진을 해왔습니다. 요사이 달마도가 마치 부적같이 취급되면서 선묵의 본래 정신은 없어지고 미술계의 돈벌이와 명예를 위해 이용되는 현실이 안타깝습니다. 선묵의 가치는 최상의 정신적 예술에서 찾아야 합니다. 수행을 하면서 쌓은 정신적 경지를 그림으로 표현하는 일이라 할 수 있어요. 선묵수행에 대해 바른 견해를 갖추고 제대로 정진해가는 '선화 행자'를 지도하는 데 정성을 다하고 있습니다.

　둘째는 명상센터 건립입니다. 현대인의 정신적 문제를 해결할 수 있는 선禪을 대중화, 생활화할 수 있는 공간을 마련하려는 것이지요. 그동안 여러 수행법을 체험한 것을 종합하고 선과 예술을 접목해서, 신명나게 명상을 접하고 누구나 쉽고 즐겁게 참여할 수 있는 명상센터를 만들겠다는 것입니다.

　1980년도에 미국에 건너가서 LA달마사 주지소임을 맡아 숭산스님을 모시고 재미교포 포교활동을 5년간 한 바 있습니다. 그리고 세계의 축소판 도시라고 불리는, 세계에서 가장 복잡하며 모든 인종이 모여 사는 곳, 예술 중심도시인 뉴욕에서 다양한 예술세계에 참여한 바 있습니다. 그때 많은 경험을 통해 안목을 넓힐 수 있었습니다. 물론 힘도

동판
산수만행도

천년선화
산수만행도

많이 들었지요. 선 포교당을 세웠는데, 이를 운영하기 위해 택시운전도 했으니까요. 또 서호오픈센타에서 선화도 가르쳤고, 선 포퍼먼스를 통해 미국인들에게 선 문화도 알렸습니다.

뉴욕과 LA 각각 5년씩 총 10년의 미국생활을 정리하고 나의 본분인 선묵일여禪墨一如를 위해 귀국하여 속리산 이곳에 걸망을 풀게 되었습니다. 황토 토굴집을 구했는데, 화실이 없어서 옆에 비닐하우스 화실을 만들고 선묵정진을 시작했지요.

그리고 10여 년 후 우연히 MBC에서 '범주스님이 달마를 그리는 까닭은?'이라는 다큐멘터리를 촬영해 방영하면서 제 소개가 크게 났어요. 그 영향으로 불사를 위한 전시회와 자선전시회, 초대전 등 30여 회의 크고 작은 전시회에 참여하게 됐습니다. 또 달마 퍼포먼스도 수차례 했지요. 지관스님이 총무원장으로 계실 때 조계사에서 '범주 선묵30년 결산전'을 열었는데, 그때 다양한 작품을 선보였습니다. 국제 선센터 건립기금 마련을 위한 전시회였어요. 벌써 오랜 시간이 흘렀네요.

◆

그동안 여러 언론을 통해 스님의 글을 접한 적이 있습니다. 선에 대한 이야기와 선화에 대한 글이 다수였던 것으로 기억됩니다. 올해 회고록을 준비하게 된 계기는 무엇이었는지 들려주십시오.

몸이 건강한 편이라서 젊은 시절에는 스포츠를 좋아했었고, 출가해서 산에서 살면서도 병고 때문에 크게 고생해본 적이 없습니다. 그런데 인생의 맛을 골고루 맛보고 가라는 배려인지 일년 전 생사의 문턱에 까지 가봤습니다.

10여 일 간의 입원해 있으면서 먼 여행의 날은 갑자기 온다는 것을 깨달았습니다. 죽음은 언제 어떤 모습으로 올지 누구도 모르는 일이지요. 그 후 미리 마음정리를 하면서 살아야겠다는 생각이 들었어요. 과거의 기억을 정리하는 것은 모든 것을 비우기 위한 과정입니다. 또 하근기지만 나름대로 구도자로써 열심히 정진하려고 했었기에 후학들에게 조금이라도 도움이 되면 좋겠다는 바람으로 기억을 되살려 펜을 들게 되었습니다.

◆————————

우리나라는 현재 음주량, 이혼율, 자살률, 암발생률 세계 1위라는 불명예스런 현상을 겪고 있습니다. 깊고 오랜 역사와 높은 문화적 역량을 지닌 민족이면서 이런 사회적 문제가 많다는 것은 아이러니합니다. 왜 이런 현상이 생기고, 이를 해결할 방법은 어떤 것인지, 스님의 고견을 듣고 싶습니다.

교통사고로 사망하는 사람보다 자살로 생을 마감하는 인구가 더 많다는 우리의 현실은 누구나 알고 있는 부끄러운 한국사회의 현실입니다. 짧은 기간에 눈부신 경제성장을 이루어 경제적으로 선진국 대열에 서게 된 것은 자랑스러운 일입니다. 그러나 국민의식이 경제성장에 걸맞게 성장하지 못했기 때문에 물질만능의 가치관과 인간성 상실로 이기주의가 팽배하고 스트레스가 넘치는 사회 환경이 조성되었습니다. 이런 원인의 결과로 이러한 현상이 표출된 것입니다.

욕망을 줄여야 합니다. 욕망을 줄이는 방법이 바로 수행이기도 합니다. 수행으로 마음을 다스리고, 외적 상황보다 내면의 문제를 자꾸 보

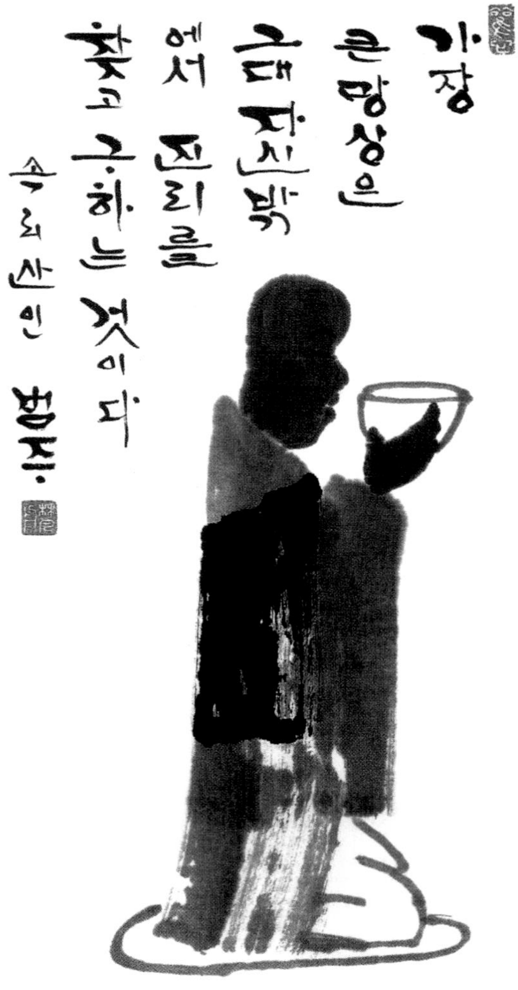
가장
큰 망상은
그대 자신 밖
에서 진리를
찾고 구하는 것이다
속리산인 범주

승도

려고 할 때, 행복의 길이 보입니다. 수행은 곧 나라는 허상을 버리고, 본래의 나를 찾는 길입니다. 잠자는 양심을 깨워 인간성 회복을 통해 물질에 대한 욕망을 줄이고 우리 모두 한 민족, 한 가족이라는 차원에서 상생의 삶을 이루어야 합니다. 즉 자신의 분수를 깨닫고, 분수에 맞는 삶에 충실하고 만족하는 삶으로부터 문제해결이 시작된다고 봅니다.

◆————————

　사회가 각박해지면서 특히 노년층이 외로움을 많이 겪고 있는 것 같습니다. 노후를 어떻게 준비하고 보내는 것이 바람직한 삶의 모습일런지요?

봄에 싹이 나서 여름에 자라 꽃이 피고, 가을에는 열매를 맺어 추수하고 겨울에는 푹 쉽니다. 인간도 자연의 순리에 따라 생로병사生老病死 순환의 흐름으로 윤회되는 삶을 살고 있습니다.

　노년은 추수의 계절입니다. 추수를 잘하지 못하면 일생의 삶이 헛농사가 되어 겨울이 오면 추위에 떨고 배가 고파서 고통을 받게 됩니다. 인생에서 추수의 계절을 어떻게 보내야 할까요?

　인생의 삶을 돌이켜 보면서 명상하고 잘못된 삶은 참회하고, 모든 집착을 버리고 먼 여행을 떠날 날이 오면 웃으면서 떠날 수 있도록 마음의 준비를 하는 중요한 시간들입니다.

　돈 한 푼 들지 않고 노후·사후 대책을 준비하는 최선의 방법은 내 마음속에서 참마음을 발견하는 길입니다. 참마음은 본래 생사가 없기 때문입니다. 참선공부를 하는 것이 노년을 가장 잘사는 길이며 최선의 사후대책이 되는 것입니다.

◆─────

　사람들이 종교를 믿는 이유 가운데 삶과 죽음에 대한 의문이 가장 큽니다. 삶과 죽음이란 과연 무엇이고 어떤 관계가 있는 건지요?

삶이 있기 때문에 죽음이 있습니다. 잘 살아야 잘 죽을 수 있습니다. 모래밭 위에 아무리 크고 아름다운 집을 짓더라도 큰 바람이 불면 하루아침에 무너집니다. 몸을 나의 전부라 착각하여 마음이 몸의 종노릇을 하면서 생각으로 만든 나라는 허상을 만들어 믿고 인생의 설계를 세우고 사는 인생은 거짓된 나를 바탕으로 살기 때문에 아무리 노력해도 하루아침에 허망한 삶이 됩니다.

　잘 살기 위해서는 먼저 진정한 나의 정체성의 바른 이해 위에 인생관을 세워야 합니다. 그래야만 혼탁한 사회 속에서 중심을 잡고 살아갈 수 있으며 진정 영원히 행복으로 가는 길로 살아갈 수 있습니다. 참된 나를 알게 됩니다.

　우리의 참된 마음은 본래 오고감도 없고 죽음도 없습니다. 이 세상 이대로가 해탈세계임을 깨닫게 됩니다. 죽음은 한 생각 속에 있는 환상입니다. 누구나 부처님과 똑같이 불성을 갖고 있습니다.

◆─────

　그렇다면 참된 마음을 깨닫는 과정을 우리는 수행이라고 하며, 깨달음을 얻었다고 말합니다. 깨달음이란 무엇인가요? 현대인들이 이해하기 쉽게 말씀해 주셨으면 합니다.

깨달음이란 본래 누구나 갖고 있는 참된 나를 발견하는 것입니다. 우리는 몸의 감각, 생각, 감정을 나의 전부로 믿고 착각하여 거짓 나에 집착해서 살고 있습니다. 이것을 아상(我相, Ego)라고 합니다. 아상은 생각으로 만들어진 '나'라는 허상(虛像, image)일 뿐입니다.

그런데 우리는 그것을 실상實相이라고 믿고 살고 있으며, 이것이 인생의 모든 문제와 고통의 근본원인이 되고 있습니다. 몸은 삶을 살기 위한 도구이고 진정한 주인인 나는 마음(순수의식)입니다. 몸을 나로 믿고 사는 사람은 죽음의 공포와 모든 죄악의 근본인 탐욕심으로 살게 됩니다.

진짜 나의 주인은 몸이 아니고 마음이라는 것을 확실히 아는 것을 깨달음이라 합니다. 몸이 주인이 되고 마음이 종이 되어 사는 사람을 중생이라 하고, 마음이 주인이 되고 몸이 종(도구)이 된 정상적인 인간 삶을 부처의 삶이라고 합니다. 부처의 삶은 영원히 생사가 없고 중생의 고통이 없게 됩니다.

◆ ─────────

어떤 사람들은 죽음을 끝으로 봅니다. 죽음으로 모든 것이 없어진다고 생각하는 것이지요. 그렇다 보니 현재 삶에 대해 사회나 다른 사람의 이목을 경시하는 경향도 있습니다. 하지만 불교는 인연과 윤회를 말합니다. 직선적 생사관을 지닌 사람들에게 스님께서 한 말씀 부탁드립니다.

진리란 영원히 변하지 않는 법칙입니다. 우주 대자연도 이 법칙에 의해서 잘 운행되고 있습니다. 모든 물질은 생성과 소멸을 반복한다는 성주괴공의 가르침은 진리입니다. 봄 여름 가을 겨울이 오고가며, 인

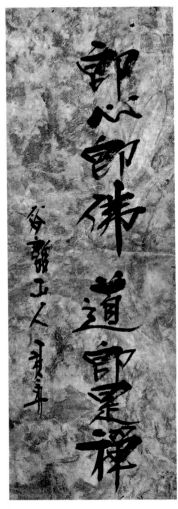

| 선서

간과 모든 생명은 생로병사의 과정을 겪습니다. 대자연의 법칙에 의해서 순환되고 있습니다.

콩을 심으면 콩이 나서, 콩나무는 죽어도 씨앗은 남겨 그 씨앗을 심으면 다시 콩나무가 나옵니다. 인간은 마음의 씨가 있어서 일생을 사는 형태가 마음씨에 녹화 저장됩니다. 그리고 죽음을 맞아 몸은 없어지지만 마음씨는 일생 동안 마음을 써 온 대로 인연의 태에 들어가서 새로운 몸을 받아 태어납니다. 그 마음씨가 무의식, 즉 불교에서 말하는 제8 아뢰야식임은 과학적으로 증명된 사실입니다.

우주의 진리를 깨달은 부처님의 말씀을 믿어야 합니다. 자신의 좁은 소견으로 이러한 진리를 부정하고 사는 사람은 어리석은 사람입니다. 모든 죄악의 근원은 어리석음에서 나오는 것이고, 그것 때문에 어둠의 길로 들어서 영원히 고통스러운 삼악도의 바다에서 벗어날 수가 없는 것입니다.

자기의 인생은 자기가 만들어 가는 것인데 누구를 원망할 것입니까? 인간은 누구나 마음을 가지고 있습니다. 그 마음을 어둡게 쓰고 살면 어둠의 세계로 가고, 그 길의 종착역은 틈이 없이 계속 마음의 고통을 받게 됩니다. 이를 지옥이라 합니다. 반대로 마음을 밝게 쓰면서 살아가면 궁극에는 밝은 마음 종착지에 갑니다. 즐거움이 극에 달하는 마음의 세계를 극락이라고 합니다. 바로 해탈세계를 말합니다. 어리석은 사람은 어둠의 길을 택하게 됩니다. 선택은 자유입니다.

◆────────

처음에 스님께서는 네비게이션에 목적지를 바르게 지정하는 것을 비유하셨습니다. 인생의 바른 목적지를 지정하는 것은 매우 중요한 일입니다. 하지만 많은 사람들이 목적지를 잃고 방황하고 있습니다. 무의식적으로 직장에 다니고, 하루하루 생활을 합니다. 자극적이고 충동적인 데 익숙해져 가고 있습니다. 바른 목적지는 무엇이고, 어떻게 설정해야 하는 것인가요?

여행을 갈 때 목적지를 설정하고 약도를 잘 보면서 올바른 가이드를 따라가면, 목적지에 잘 도착해서 즐기고 쉴 수 있습니다. 반면 준비 없이 대충 길을 떠난다면 이리저리 헤매다가 날이 저물어 고생을 하게 됩니다.

자신을 바로 아는 길이 인생을 잘 아는 것입니다. 인생을 잘 알아야 잘 살 수 있는 바탕이 됩니다. 젊은 날에 자신의 분수를 알고 참 나를 이해한 바탕 위에 바른 인생관을 확립한다면 혼탁한 사회생활 속에서도 흔들리지 않고 자신의 삶을 살 수 있습니다.

진정한 나란 무엇인가? 몸과 생각, 감정을 나라고 믿고 동일시해서 사는 삶은 에고의 삶입니다. 에고, 즉 아상은 생각 속의 허상이기 때문에 나의 실상이 아닙니다. 허상의 나를 믿고 사는 인생은 허망한 삶이 될 수밖에 없습니다.

에고의 삶은 곧 무의식적인 삶입니다. 무의식적인 삶은 모든 인생 고통의 근본이기도 합니다. 순수의식으로서 나에 대한 올바른 이해의 바탕 위에 인생을 설계하고 살아야 영원히 무너지지 않는 행복한 인생이 될 것입니다.

완전 무의식의 삶은 동물의 삶이요, 무의식과 의식의 삶은 인간의 삶이요, 완전 의식의 삶이 신神의 삶이며 곧 부처의 삶입니다. 의식을 확장해 가는 삶이 진화해 가는 진정한 인간의 삶입니다.

◆————————

스님들께서는 상구보리 하화중생을 자주 말씀하십니다. 수행을 통해 깨달음을 구하는 동시에 중생을 위한 포교와 가르침도 함께 해야 한다는 의미로 알고 있습니다. 스님께서도 나름대로 포교와 수행에 대한 방편이 계시리라 생각합니다. 스님께서는 혼란과 어려움을 겪는 청년들, 그리고 외로움을 느끼는 현대인들에게 어떤 말씀을 전하고 싶으신지요?

상구보리 하화중생은 불교의 목적입니다. 자각각타를 말하는 것입니다. 내가 꿈을 깨고 남도 꿈을 깨게 만드는 것입니다.

우리는 본래 성불되어 있습니다. 본래 마음이 깨달음입니다. 번뇌 망상에 가려서 보지 못하는 우리의 본래 마음을 발견 확인하는 것입니다. 번뇌 망상은 욕심에 의해서 일어납니다. 욕심은 이 몸이 나라는 착각에서 생긴 에고로부터 일어납니다. 아상이 바로 근본 무명입니다.

천년선화 산수만행도

인간의 성품은 하나지만 성격은 다릅니다. 나의 체질에 맞는 수행의 길이 선묵일여禪墨一如의 길입니다. 선묵은 상을 통해 상 없는 곳으로 들어가는 예술을 통한 자각각타의 길입니다. 본래 우리는 우주와 하나인 전체의식입니다.

한 생각이 아상으로 인해 개체의식으로 변하면 우주와 분리되고 외롭게 느껴집니다. 수행을 통해 생각이 끊어지면 아상이 사라지고, 전체의식으로 전환되는 것을 깨달음이라 합니다.

참선이란 특별한 사람만이 하는 것이 아닙니다. 욕심에 찬 마음으로 정신없이 살고 있는 삶을 돌아보고 제 정신을 차려 살려는 노력이 참선입니다.

마음공부(참선)를 하려는 사람은 먼저 보통사람은 할 수 없다는 고정관념을 버려야 합니다. 진리는 평범함 속에 있습니다. 본래의 순수하고 평범한 사람이 되어서 분수를 알고, 다가 온 인연들을 100퍼센트 긍정하는 삶을 사는 것입니다. 지금은 내가 확실히 깨닫지 못했더라도 깨달음이 '나 자체'임을 믿어야 합니다. 먼저 이해로써 믿음을 가져야 실천하게 되고, 실천해야 참된 나를 발견할 수 있습니다.

◆————————

스님께서는 출가 후부터 50년 넘게 간화선을 수행하고 계십니다. 하지만 세계적으로 볼 때는 위빠사나를 비롯해 각종 명상이 서구를 중심으로 급격히 인기를 끌고 있습니다. 간화선이 뛰어나다면 다른 나라에도 적극 전파하려는 노력이 필요하고 일반인을 대상으로 쉽게 수행할 수 있는 방법도 제시해야 하지 않을까 합니다.

최상승 활구참선법인 간화선은 불교의 오랜 역사 끝에 이루어진 최상의 깨달음의 길입니다. 그러나 이 길은 본래성불이라는 확고한 믿음과 진발심이 일어난 후, 불같은 의정이 일어나야 됩니다. 그렇지 않으면 아무리 오랫동안 화두를 들고 앉아 있는다고 해도 깨달음을 얻을 수 없습니다.

봄에 씨를 뿌릴 때 자갈밭에 뿌리면 자라서 열매를 맺을 수가 없습니다. 먼저 잡초를 제거하고 자갈을 추려내고 흙을 파 뒤집어서 고르고 퇴비를 뿌려서 토양을 만드는 작업이 선결되어야 하듯이, 기복신앙에 젖어 있는 사람에게 화두를 준다고 되겠습니까? 그렇기 때문에 먹고살기에 바쁜 나날을 보내는 일반 사람들에게 어렵고 불가능하게 느껴질 수밖에 없습니다.

화두의 씨를 뿌릴 수 있는 토양을 먼저 만드는 것이 필요합니다. 현대인들은 옛날처럼 단순하지도 않고 순수하지도 않습니다. 어릴 때부터 분별심을 교육받습니다. 논리적인 교육과 지식으로 일생을 채워온 사람들입니다. 사람마다 나름대로 관념의 세계가 만들어져 있어서 먼저 분별심으로 이해가 되지 않으면 받아들이지 않습니다.

먼저 참선을 하면 삶에 무슨 이익이 있는지, 그 필요성, 효능, 방법 등을 충분히 이해를 시켜야 받아들이고 믿음을 갖게 되고 실천하게 됩니다. 참선공부(마음공부)를 함으로써 현실적으로 부딪힌 정신적 스트레스가 해결되고 삶에 도움이 되었을 때 꾸준히 생활 속에서 실천하게 됩니다. 또 현실 생활의 문제가 해결되고 삶에 도움이 된다는 것을 체험할 때 선의 길로 가게 됩니다. 궁극에는 깨달음에 도착하게 됩니다.

여러 가지 명상, 위빠사나, 수식관 등 수행법은 대체로 하기 쉬운 방법이므로 중간과정의 수행법으로 좋다고 봅니다. 하지만 완전한 깨달음을 위해서는 궁극에서 간화선을 통한 활구참선을 해야 합니다. 그래야 마지막 관문을 뚫을 수 있습니다. 명상 수행이라는 중간과정을 통해 확고한 신심과 발심을 갖춘 다음에 화두 정진에 들어가면 목적을 이룰 수 있습니다.

◆━━━━━

자신의 마음과 행동도 중요하지만, 청년들이 사회에서 활동할 수 있는 여건을 만드는 것은 결국 기성세대, 특히 정치인의 영역이 아닐까 합니다. 하지만 우리 사회는 정치가 제일 낙후돼 있습니다. 정치는 사회에서 꼭 필요한 부분이며, 정치가 잘될 때 그 사회가 발전하는 것이라고 생각합니다. 우리사회의 바른 정치 방향은 무엇인지 스님의 고견을 듣고 싶습니다.

정치가란 국민의 지도자입니다. 지위가 높을수록 그만큼 많은 사람에게 영향을 주게 됩니다. 국민들이 잘 살 수 있게 봉사해 달라고 명예스런 자리에 올려놓은 자리입니다.

그런데 국민의 삶보다 자신의 사심이나 정당의 이익만을 위한 정치가는 국민을 배신하고 많은 사람에게 피해를 주는 죄짓는 자리가 될 것입니다. 지도자가 먼저 마음수행을 통해서 사심을 비우고 공심으로 산다면 그만큼 큰 복을 짓는 자리가 될 것입니다.

마음이 어두울수록 지혜가 없고 사심이 많게 됩니다. 세상을 다 속여도 자신의 양심은 속일 수 없습니다. 양심이 바로 불성이요 하늘이요 신성입니다. 국민의 지도자인 정치가의 요건은 얼마만큼 공심(인간의 본심)을 갖고 있느냐에 있습니다. 자신을 속이지 않는 삶을 살아야 합니다.

공심이 없는 사람이 정치가가 되면 지위가 높을수록 큰 죄를 짓는 자리가 될 것입니다. 자업자득인 인과의 법칙을 벗어날 수 없는 것입니다. 양심을 갖는 정치가가 많으면 정치가 잘되고 나라가 발전되고 국민이 행복해지게 될 것입니다.

◆────────

요즘 젊은이들을 보면 안타까울 때가 많습니다. 초등학생 이전부터 공부와 학원에 지쳐 삽니다. 대학에서 캠퍼스 낭만이란 단어도 사라진 것 같습니다. 그렇다고 사회에 나와 제대로 취직을 하는 것도 아닙니다. 취업에서 좌절하고 방황하는 젊은이들이 너무 많습니다. 사회적 구조문제가 크지만 젊은이들이 스스로 헤쳐 나갈 의지도 약한 것 같다는 생각을 합니다. 해방 후 한국전쟁이라는, 우리나라가 가장 어려웠던 시기를 헤쳐 나온 스님이 보시기에 요즘 젊은이들에게 해주고 싶은 말씀이 많으실 것 같습니다.

현대는 물질문명의 발달로 물질만능 가치관이 지배하게 되면서 물질이 주인이 되고 정신이 수단이 되는 시대가 되었습니다. 인생의 기초가 되는 청소년들의 교육에 인성교육은 없고 돈과 출세를 위한 지식들만 주입하는 교육정책이 있으며, 선생님은 스승에서 지식만 전달해야 하는 직업이 되어 버렸습니다.

이를 극복하기 위해서는 첫째로 청소년교육에 인성교육이 필요하다고 봅니다. 둘째는 종교가 청소년들의 정신적 문제에 적극적인 관심

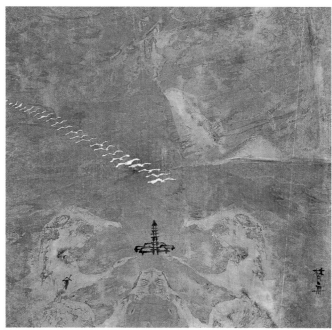

천년선화
산수만행도

과 사랑을 쏟아야 합니다.

현재 지구촌이 겪고 있는 위기를 극복할 수 있는 대안인 선禪을 대중화, 생활화할 수 있는 쉬운 방편을 만들어 올바른 인생관 확립에 도움을 주어야 한다고 봅니다. 인생관이 바로 섰을 때 물질에 영향을 받는 혼탁한 사회에 휩쓸리지 않고 자기의 길을 갈 수 있습니다.

사회환경에 적응하며 살아가기 위해서 바른 가치관을 바탕으로 인생관을 세워야 합니다. 그것이 삶의 원천이 됩니다. 자신의 인생은 자신이 개척하며 만들어 가는 것입니다. 인생의 진정한 행복은 물질의 소유에 있지 않고 마음속에 있음을 믿어야 합니다. 그런 교육이 이루어져야 합니다.

◆————

큰스님께서는 어릴 적에 가족이 모두 북한에서 월남해 오셨다고 들었습니다. 다른 사람보다 남북한 대립에 대해 많은 생각을 하셨으리라 생각됩니다. 왜 통일이 필요하며 통일이 우리나라의 미래에 미칠 영향에 대해 말씀해주셨으면 합니다.

8.15 해방 직후 세 살 때 부모님 등에 업혀서 왔기 때문에 그때의 상황이 기억나진 않지만, 만일 그때 월남하지 못했다면 불교와의 인연도, 출가수행의 인연도 만나지 못했을 것이 분명합니다. 이 귀중한 한생을 허망하게 보냈을 것을 생각하면, 월남해 온 것은 다행이고 다행한 일이라고 생각됩니다.

우리 민족은 일만 년의 오랜 역사를 가진 단일민족입니다. 중국과 일본 사이에서 수많은 침략으로 고통과 상처를 받아오면서도 인욕으로 살아온 역사를 가진 민족이지요. 남북이 갈라진 것도 일본침략 36년의 치욕에서 강대국의 힘에 의해 해방이 되었기 때문입니다.

다행히 남한은 민주주의 국가가 되었지만 북한은 공산주의 독재정권에 의해서 극소수의 독재자들만 잘 살고 있습니다. 다수의 북한 동포들은 자유도 박탈되고, 가난에 허덕이며 반노예적인 삶을 죽지 못해 살고 있는 상황입니다.

우리의 통일을 막는 요소는 강대국의 이해관계와 극소수의 독재권력 유지체제가 원인이라고 생각합니다. 하지만 세계는 정보화의 발달로 한집안이 되어가고 있습니다. 독재의 철옹성을 쌓고 있다고 하지만 우주의 순리를 막을 수는 없습니다. 자유와 풍요의 행복한 삶의 향기가 전파를 타고 흘러가는 것을 막을 수 없는 것입니다.

극소수의 독재 권력자 아래서 고통 속에 살고 있는 다수의 우리 동포들을 위해 정성껏 기도하고, 물질로도 도움을 주어야 합니다. 시절 인연이 되면 멀지 않아 통일이 될 것입니다. 우리들의 현재에 만족하지 말고, 하루 빨리 통일이 되기를 모두가 같이 기원해야 합니다. 진심으로 기원할 때 통일의 인연이 다가옵니다. 통일은 우리 민족의 행복을 지금보다 훨씬 크게 성장시킬 것입니다.

◆

인류역사를 볼 때, 종교전쟁으로 인해 죽음을 당한 사람들 숫자가 가장 많습니다. 어찌보면 유럽의 역사도 기독교 종파간 대립의 역사라고도 할 수 있습니다. 그래서 혹자들은 종교의 무용론도 이야기합니다. 세계평화와 인류에 대한 사랑을 실현한다는 목적에서 볼 때 종교간 대립과 갈등이 생기는 것은 참 이해하기 힘든 점입니다. 종

천년선화
산수만행도

모든 종교는 인류 사랑과 세계평화 실현을 목적으로 삼습니다. 그런데 종교 간의 갈등과 종교전쟁은 교주의 뜻과는 달리 성스러운 전쟁이라는 명목 하에 많은 사람들을 학살하는 모순된 역사를 지니고 있습니다. 역사를 볼 때 유럽에서 백년전쟁, 십자군 전쟁 등이 발생했고, 현재도 IS같은 극단적 이슬람에 의한 전쟁이 벌어지고 있습니다. 그 원인은 어디에 있을까요?

그것은 내 종교만이 진리이고 타종교는 모두 이단이라는 맹목적인 믿음을 가진 지도자들이 교주가 말한 심층의 진리를 깨닫지 못하고 왜곡하기 때문입니다. 진리를 도외시하고 형식과 이론에 자신의 사견을 덮어 신자들을 껍데기 종교를 믿는 광신자로 육성하고 있습니다. 어리석은 광신도를 육성해 세력을 확장하는 데 악용하다 보니 종교가 교주의 가르침에 반하는 행위를 서슴치 않고 하고 있고, 인류와 세계평화를 파괴하는 주범이 되고 있습니다.

종교끼리 화합하지 못하고 사랑을 자신의 종교 안에서만 나누려고 한다면 세계평화가 이뤄질 수 있겠습니까?

이런 종교갈등의 문제를 근본적으로 해결할 수 있는 길은 종교지도자들이 수행을 통해서 자신의 내면의 심층으로 들어가 교주의 진정한 뜻을 깨달으려는 노력을 해야 합니다. 결국 모든 종교의 진리가 하나라는 것을 지도자들이 깨달을 때 종교간 화합이 이뤄지고, 궁극에서 인류에 대한 사랑과 세계평화가 이루어질 수 있습니다.

우리나라도 종교간 갈등이 적지 않습니다. 불교와 개신교 간에 가끔 갈등이 일어나곤 합니다. 화합을 위해 어떤 노력을 해야 하나요?

그런 문제를 근본적으로 해결할 수 있는 길은 종교지도자들이 "내 종교만 진리이고 타종교는 이단이다"라고 하는 독선적인 사고를 버려야만 됩니다. 진리는 하나입니다. 가는 길은 달라도 정상은 하나입니다.

교주의 깨달은 진리를 상견, 사견으로 왜곡하고, 표면적인 말과 형식에 집착하여 해석함으로서 맹목적인 믿음을 양산하는 것이 원인입니다. 선禪은 상견, 사견, 불교를 초월하여 있는 그대로의 진리를 볼 수 있는 길이고, 모든 종교를 관통해서 하나가 될 수 있는 길입니다.

선禪의 눈으로 예수님의 말씀을 바라볼 때, 창조주 하나님께서 우주를 창조하시고 에덴동산에 아담과 이브를 창조하였다는 것은 곧 법계성으로부터 우주가 창조되고 진화를 통해 인간이 탄생한 것을 말합니다. 절대세계에서 형상의 상대적인 현상세계가 음양으로 탄생되었습니다.

무의식의 동물세계에서 진화돼 의식의 인간이 탄생한 것은 선악을 분별하는 분별심을 갖게 됨을 의미합니다. 선악과란 바로 분별심입니다. 분별심으로 몸이 나라는 에고(아상)가 생기게 되고, 나는 우주와 분리가 됩니다.(에덴동산에서의 추방을 의미)

그러므로 아상(에고)은 욕심을 일으키는 모든 죄의 근원이 됩니다. 곧 원죄(불교의 악업, 악습)가 되는 것입니다. 아상으로 인한 탐욕심은 모든 인간 삶의 죄악의 근본이요, 고통의 원천이 되는 것입니다. 아상이 곧 근본무명입니다.

예수님께서는 탄생하시어 원죄를 사하는 길을 보여주셨고 십자가에 못 박혀 돌아가심으로 부활하여 천당에 들어가셨습니다. 이는 에고가 죽음으로 인해 본래의 신성으로 돌아감을 의미합니다.

"주여! 주여! 외치는 자가 천당에 들어가는 것이 아니고 십자가를 지고 나를 따르는 자만이 천당에 들어갈 수 있다"는 말씀은 생각과 감정으로 환상에 집착해 기도하는 자가 아니고 예수님의 말씀을 따라 참회해서 원죄(에고)를 없애야 구원된다는 의미입니다.

에고는 원죄를 말하며, 불교에서 아상의 업과 습을 의미합니다. 원죄를 지극히 참회해서 죄 사함을 받아서 거듭나면 바로 천당입니다. 아상으로 인해 만들어진 업과 습은 수행을 통해서 불성을 깨닫게 되면 본래성불이 되며, 이대로의 세계가 바로 극락이요 해탈세계가 됩니다.

즉 개신교의 하나님은 불성을 뜻하며, 절대성, 일념미생전의 소식으로 볼 수 있어요. 천지창조란 현상세계를, 선악과는 선과 악을 분별하는 마음, 원죄는 아상이나 에고의 업과 습으로 비교됩니다. 또 에덴동산에서의 추방은 아상으로 우주와 분리됨을, 회개는 수행, 거듭나는 부활은 깨달음, 십자가는 아상이 사라진 원상이며, 천당은 해탈의 세계, 봉사는 보살행 등 글자만 다를 뿐이지 내용의 뜻은 하나인데 갈등을 일으킬 게 무엇이 있겠습니까.

두 종교는 심층으로 들어가서 진리 하나로 만나게 됩니다. 강물이 각각 모양이 다르고 이름이 다를 뿐 바다에 다다르면 짠맛으로 하나가 되는 것과 같은 이치입니다.

종교의 겉모습과 말에 집착해서 생긴 종교 이기주의에서 벗어나, 종교를 위한 종교가 아니라 인간을 위한 종교로 화합하고, 동반자로서

천년선화 포대화상도

탐욕의 불에 타고 있는 세상 사람을 구하는 것이 진정한 종교로서의
역할이 아닐까요?

출가를 원하는 젊은 불자들이 줄어들고 있습니다. 또 사회를 주도하
는 층에서 불교를 찾는 사람들도 과거에 비해 많지 않은 것 같습니
다. 불교계에는 이런 현상이 미래에 불교에 좋지 않은 영향으로 다
가올 것이라는 걱정이 많습니다.

물질문명이 발달하면서 현대인들에게 물질적 욕망을 채워가는 일이
인생의 목적으로 전도되는 경우를 종종 봅니다. 그런 사회적 경향이
한 원인이 되어 요즘 많은 사람들이 정신적인 면에 관심이 적습니다.
젊은 지성인들도 불교에 관심을 갖지 않는 것이 그런 현상을 만들어
내는 것 같습니다.

그러다보니 인생관이 정립돼 있지 않고, 큰 난관에 부딪칠 때 극복
할 수 있는 정신력이 부족합니다. 우울증을 앓거나 자살을 택하는 젊
은이들을 보면 안타깝습니다. 종교에서, 특히 불교는 그들에게 관심
을 갖고 현실에서 부딪치는 스트레스를 해소해 줄 방법을 강구해야
합니다.

세대 간 입장이 급속도로 변화하는 현대에서, 그 시대 그 공간에 사
는 사람들에 맞는 방편이어야만 효과를 발휘할 수 있습니다.

불교에는 현대인의 피폐된 인성을 회복시킬 수 있는 대안인 선 문
화禪 文化가 있습니다. 그런데 선 문화는 극소수의 전유물이 되어 대중
화·생활화 되지 못하고 있습니다. 또한 불자들의 90퍼센트가 기복신

앙으로 개인적인 욕망 충족에만 매달려 있는 것이 한국불교의 안타까운 현실입니다.

세상을 인터넷 속에서 보고 있는 젊은이들에게 시대에 뒤떨어진 종교가 외면받는 것은 어쩌면 당연한 일입니다. 시대적 사회현상에 관심을 갖고 연구기관을 두어 시대에 맞도록 과감하게 불교체질을 바꿔야 젊은이들이 관심을 갖고 다가설 것입니다. 이대로 간다면 불교의 미래가 염려스럽지 않을 수 없습니다. 현대인의 정신적인 문제를 해결할 수 있는 묘법들이 선문화 속에 무진장 잠재되어 있습니다. 현대인에 맞는 대중화·생활화만 된다면 젊은 층 포교는 살아날 것입니다.

◆─────

2006년 부산APEC에 초청받으셔서 선묵 퍼포먼스를 성공리에 마치셨다고 들었는데 그때 일을 말씀해주셨으면 합니다.

벌써 많은 시간이 흘렀지만 어제처럼 생생합니다. 범어사에서 세계 각국의 영부인들이 참석했었지요. 전통사찰을 관람하고 한국불교문화의 진수를 보여주기 위해 영산재 바라춤과 선묵 퍼포먼스가 공연되었습니다.

범어사의 대북소리에 어울려 대형 달마퍼포먼스를 시작하자 차 테이블에 앉아 있던 영부인들이 모두 일어서서 옆에 와서 관심 깊게 구경하셨어요. 그때 그린 작품은 미국 대통령 영부인이 가져갔다고 들었습니다. 이후 APEC때 수고한 사람들을 청와대에서 초청했습니다. 초청만찬에서는 고 노무현 전 대통령께서 '큰 붓으로 세계 영부인들의 기를 쓸어버렸다'고 대찬을 해주셨습니다. 그때의 인연으로 백악관에서 범어사 스님들을 초청했다는 소식도 들었습니다. 선묵 달마퍼포먼스로 국위선양을 하였으니 좋은 일로 기억하고 있습니다.

수년 사이 몇몇 교구본사가 총림으로 승격됐습니다. 교구본사가 단순한 행정중심 사찰에서 성장해 수행의 중심사찰로 성장하고, 조실, 방장스님도 모실 수 있다는 것은 한국불교가 한층 발전하는 모습이라고 생각합니다. 수행자로서 이 같은 현상은 어떻게 생각하시는지요?

확철대오한 깨달음을 얻고 보림을 해 운수납자를 제접할 수 있는 법法이 있고, 언행이 일치되는 선지식만이 방장, 조실의 자리에 오를 수 있습니다. 제아무리 불교가 삿된 길을 걷는다 해도 선지식 한 분만 계시면 불교는 살아있다고 합니다.

많은 조실스님의 등장에서 한국불교 중흥의 희망을 보고 있습니다. 선지식은 총림의 핵심입니다. 그런 모습은 장차 최상승 수행법인 간화선이 세계로 퍼져 나갈 것이라는 희망을 보이고 있습니다. 총림이 늘어나는 것은 불자들에게는 큰 기쁨이라 할 수 있지요.

경계해야 할 것은 확철대오하지 못한 가짜 조실이 등장하지 않도록 해야 한다는 것입니다. 이는 불교의 뿌리가 썩는 일이 될 것입니다.

조사스님들 말씀에, 깨닫지 못하면서 깨달았다고 하고, 증證하지 못하고 증했다고 한다면 반야를 비방하는 큰 죄를 짓는 일이라 하셨습니다. 참선 공부하는 사람이면 누구나 알고 있는 기본적인 상식입니다. 분수를 모르는 사람들이 어떻게 선지식이 될 수 있으며, 자신을 속이는 사람이 조실이 될 수 있겠습니까? 그런 일이 생기지 않도록 총림의 사부대중이 항상 눈을 밝게 뜨고 있어야 합니다.

한 가지 지적하면, 송담선사의 조계종 탈종은 매우 안타까운 일입니다. 불교는 법(진리)이 생명입니다. 진리를 깨달은 분이 부처이고, 조사이며, 선지식, 큰스님입니다. 석가모니 부처님은 확실히 깨달은 조사들을 인가하는 전통을 만들었고, 지금까지 불교정법 법통으로 이어졌습니다. 그 법은 인도에서 28대 달마조사로 이어져 중국에서 혜능선사, 마조도일조사, 백장혜해선사, 황벽、임제조사 등 선의 황금시대를 걸쳐 한국으로 들어왔습니다.

조선시대 실낱같이 이어지던 법맥은 근대 경허선사, 만공선사, 전강선사에 이어 송담선사로 전해졌습니다. 자타가 공인하는 송담선사께서 조계종을 탈종한 것은 조계종 승려 전체에게 방을 내려치는 소리였습니다.

속리산 골짜기에 파묻혀 살다보니 깊은 뜻은 모르겠지만 신문 기사로 추측컨대, 절집 전통인 대중공사 대신 세속의 선거법에 의해 본사 주지를 선출한 것이 원인같습니다. 선거를 하다 보니 문중의 화합이 깨지고, 정치적, 경제적 논리로 대사가 흘러가는 것이 아닌가 우려도 많으셨던 것 같습니다.

선을 종지로 하는 종단의 법통은 매우 중요합니다. 종단 큰스님들께서 나서서 송담선사를 다시 모시는 것이 순리가 아닐까 합니다. 그리고 스님들이 다시 초발심으로 돌아가 자신의 수행생활을 살피고, 자세를 가다듬고, 이번 일을 재발심의 계기로 삼아야 합니다. 종단이 법을 최우선으로 존중하고, 체계적으로 잘 발전되기를 기원합니다.

◆———————

　부처님께서는 삼라만상은 영원한 것이 없다고 하셨습니다. 결국 이
　지구도 사라지지 않을까요? 그렇다고 하면 지금 우리가 만들어 내
　는 문화와 예술이 모두 필요없는 것 아닌가 하는 허무적인 생각이
　들기도 합니다.

저 하늘을 보세요. 구름의 모습이 순간순간 변하면서 흘러가다 사라지
고 난 자리에 빈 하늘만 있지요? 빈 하늘은 구름이 있거나 없거나 변
함이 없습니다. 텅 빈 하늘에서 구름이 피었다가 사라질 뿐입니다.

　우리의 인생도 이와 같이 텅 빈 본성에서 태어나 육식, 감각, 생각,
감정으로 시시각각 변하면서 살아가다가 이 몸이 사라지면 텅 빈 순
수의식인 본래 마음만 남습니다. 이것을 본성이라 합니다. 본성은 이
몸이 태어나기도 전에 있었으며, 이 몸으로 태어나서 사는 것은 본성
의 작용입니다. 이 몸이 없어져도 영원히 없어지지도 변하지도 않는
각성입니다. 이것이 진짜 나의 본래 모습, 생사가 없는 참나라고 합니
다. 작용이 멈추면 형상 없는 신령스런 체가 되고, 몸으로 태어나면 모
든 삶의 작용의 근본이 되는 것입니다.

　나의 본래의 빈 마음은 우주 마음과 하나이기에 전체의식이라 하고,
그 속에서 작용으로 피어난 우주 만상은 순간순간 변해 가지만 전체
의식의 꽃이기에 모두 진리 아닌 것이 없다고 합니다.

　상대적인 현상세계는 형상으로 변화 순환하는데, 고정관념으로 형
상에 집착하면 상견중생이라 하고 공에 집착하면 단멸에 떨어져 허무
감을 느끼게 됩니다.

　우리의 각성은 색즉시공이요 공즉시색이라 합니다. 즉 공과 색을 함

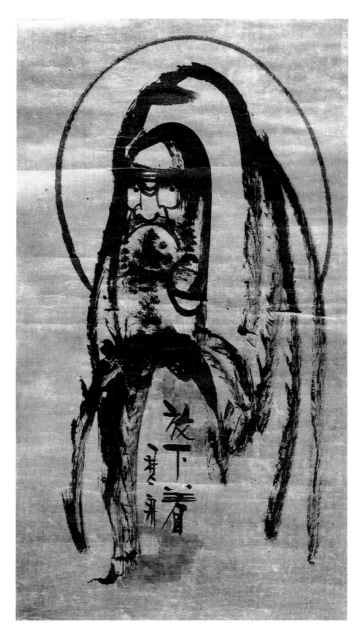

천년선화 달마도

께 포용하므로 체용이 둘이 아니게 됩니다.

본성은 오고 가는 것도 아니요, 선악도 생사도 없는 절대의 순수의 식인 것입니다. 그것이 나의 본래의 마음자리입니다. 한 생각 이전의 자리이기에 생각으로서는 알 수 없고 생각의 작용이 끊어져야 본성을 깨달아 알 수 있습니다. 그러기 위해선 참선공부를 실천해야 됩니다.

◆━━━━━

큰스님께서는 언제부터 그림을 그리기 시작하셨고, 또 선화는 언제부터 그리셨는지요?

그림공부는 홍익대 미대에 입학하면서부터 본격적으로 시작했습니다. 예술에서 나의 정체성을 찾기 위해 입학하였는데, 나의 기대와는 달라서 졸업을 6개월 남겨놓고 출가를 했습니다. 불교에서 참된 나를 찾기 위해 전강스님 문하에 입산 출가해 참선정진의 길로 들어섰습니다.

해인사 선원에서 용맹정진을 하다가 건강에 이상이 생겨서 선원을 나왔습니다. 그리고 무주 안국사에 조용히 살면서부터 참선을 돕는 방편으로 선묵을 시작하였습니다.

그 후 미국에 건너가 숭산스님을 모시고 LA달마사 주지를 하면서부터 10년 동안 미국사람들에게 선화를 가르쳤고, 선 문화를 알리기 위해 뉴욕에서 미국 사람들을 대상으로 달마 퍼포먼스도 했어요.

귀국 후 속리산 토굴에서 10여년 동안 선묵일여를 향한 정진을 한 후에 선묵불사전, 선묵자선전, 선묵초대전. 천년선화전 등 30여 회의 전시회를 열었습니다. 2년 전 고희전을 마치고 지금은 한가롭게 산과 하나 되어 생활하고 있고, 선묵 문하생을 지도하면서 지내고 있습니다.

◆────

선화 하면 보통 달마도를 떠올립니다. 그런데 전시실을 보니 달마도 뿐만 아니라 서양화 기법을 활용한 잔잔한 느낌의 다양한 그림을 볼 수 있습니다. 일반적으로 생각하던 선화가 매우 단편적이었다는 생각이 듭니다.

선화는 참선정진을 통해 생겨난 선기(순수의식 에너지)를 바탕으로 선묵의 삼매선정을 이루어 나온 결과입니다. 선화는 정진의 정도를 나타내는 것이면서, 그를 통해 밝은 기운을 나누어 감상하는 사람의 마음을 맑게 순화시키는 선문화의 한 방법입니다. 상을 통해서 상 없는 우리 본성으로 들어가는 길입니다.

선묵의 생명은 선수행을 통한 밝은 기운을 얼마나 발현하느냐 하는 점입니다. 즉 기운생동입니다. 선묵의 기법은 직관적인 무심에서 이뤄지는 순간적이고 함축된 단순기법입니다. 그래서 묵을 많이 사용하며 색채는 최소한으로 사용합니다. 선묵의 소재는 달마도, 한습도, 포대도, 승도, 연화도, 관음도, 산수만행도 등 전통적인 소재에만 한정되어 있는 것은 아닙니다. 기법도 법이 없는 것(無法)이 법이며 작품 하는 사람의 개성에 따라서 창조되는 것입니다.

불화는 불교신앙의 대상으로 정해진 체본에 의해 선을 그리고, 그 위에 점차적으로 색칠을 합니다. 시각적인 표현에 충실하다고 할 수 있어요. 반면 개성적인 표현이 어렵습니다. 이에 반해 선화는 심성을 표현하는 방법으로, 순간적 무심의 마음을 일필휘지로 표현하다보니 자유스러운 표현이 나옵니다. 불화가 경전의 내용을 그림으로 세밀하게 옮기는 것이라면 선화는 심성정화가 목적이지요.

| 천년선화 월학

그런 점에서 부적처럼 만들어지는 달마도에 대해 생각해 봐야 합니다. 부적달마는 달마도를 미신적인 방편으로 악용하는 것이요, 선기가 없는 어두운 기운(탁기, 사기, 신기)으로 그려진 달마도는 심성을 어둡게 만듭니다. 도움이 안 될 뿐더러 피해야 합니다.

◆

스님께서는 옻칠을 이용한 선화 작업도 하고 계십니다. 그런데 옻칠을 화선지나 천에 바르는 것이 쉽지 않아 보입니다. 어떤 작업을 통해 옻칠을 한 선화가 만들어지는지요? 특징을 알고 싶습니다.

옻은 우리민족이 사용한 재료 가운데 최고의 재료에요. 불상에 옻칠을 한 다음 금을 입히면 오랫동안 보존이 가능합니다. 팔만대장경이 현재까지 보존될 수 있었던 이유도 옻칠을 통해 벌레와 미생물의 번식을 막아냈기 때문이지요. 저도 옻을 대하면서 참으로 많은 공부를 하고 있습니다.

옻칠은 방습, 방충, 방균, 방산성 등 장점이 많으며, 강한 접착력도 있습니다. 다양한 소재에 사용할 수 있고 원적외선을 방사하며,

| 관음도

항암제로도 개발하여 사용된다고 합니다. 또 전자파를 흡수하는 역할
도 갖고 있어 전자제품이 많은 현대인의 방에 옻칠그림은 잘 어울리
는 그림이라고 생각합니다.

　옻을 어떻게 선화와 접목시킬까 많은 연구를 했어요. 불행히도 제가
옻을 타는 체질이라 한동안 매일같이 옻이 올라 시달렸지만, 그만큼
매력을 지닌 재료더군요.

　선화를 그리면서 드는 생각이, 어떻게 하면 이 그림을 좀 더 오랫동
안 후손들에게 남길 수 있을까 하는 점이었어요.

　종이 위에 옻칠을 하려고 보니 그 작업이 생각보다 쉽지 않아요. 무
엇보다 선線을 살리기가 쉽지 않더군요. 먹과 옻이 어떻게 어울릴까
여러 연구를 했죠. 습도를 80퍼센트에 맞추고 적절한 온도를 맞추니
먹과 옻의 특성을 모두 살릴 수 있다는 것을 알았습니다. 먹은 천년을

| 천년선화 달마도

가는 재료입니다. 화선지는 오래 가긴 하지만 벌레에 약한 단점이 있는데, 옻칠이 이를 보완하게 된 것이지요. 또 은은한 갈색과 짙은 먹선이 잘 어우러지면 나름의 효과를 가져옵니다.

이렇게 습도와 온도를 조절해 그림을 그리고 건조시키면 천년 간 보존될 예술품이 탄생하는 것입니다. 그래서 옻칠 선화작품에 '천년 선화'라고 이름 붙였어요. 3회에 걸쳐 전시회를 가진 바 있습니다.

◆────────────

선화가 보는 사람으로 하여금 마음을 순화시켜 주는 역할을 한다는데, 선화는 어떤 마음으로 접해야 하며, 선화는 어떻게 마음을 정화시키는 역할을 하는 것인가요?

선화는 일반 그림과 차원이 다릅니다. 일반 그림은 감성을 표현한 것으로 감성을 순화시킴으로서 기쁨을 줍니다.

선화는 감성과 이성까지 넘어서 순수에너지의 전이를 통해서 본성으로 들어가게 만듭니다. 그래서 선화는 참선을 통해서 맑은 마음, 무념의 바탕에서 그릴 수 있어야 순수에너지가 전이가 됩니다. 즉, 보는 사람에게 전이되어 심성을 순화시켜 주는 것을 목적으로 하는 그림이므로 정신적인 예술이라고 볼 수 있습니다. 그러기에 감상할 때 생각을 비우고 그냥 가슴으로, 빈 마음으로 바라봐야 그 맑은 기운을 받아들일 수 있습니다. 그러면 심성이 순화되는 것을 알게 됩니다.

◆————

사회 일각에 퍼져 있는 선화를 보는 그릇된 인식을 전환하려면 어떻게 해야 합니까?

선禪은 고차원의 정신세계인 반면 미신은 저차원의 정신세계입니다. 선의 세계를 연 초조 달마대사상을 저차원의 미신적 부적으로 악용한 것이 달마부적입니다. 한국불교의 많은 불자가 기복신앙에 머물러 있다 보니 달마부적이 유행할 수 있었던 것입니다. 달마스님은 선의 원조이고 달마도는 고차원 정신예술인 선화의 중심 소재이며 선화를 통해서 선의 기운을 나누는 선의 꽃입니다.

선화는 달마도를 통해서 선의 기운을 전하고, 심성을 순화시키는 즉각적인 방법인 선문화의 일종입니다. 7년여 전, 부적달마가 유행하여 달마스님을 망신시키고 불교를 오도시키는 일이 생겼습니다. 달마도에 대한 잘못된 인식을 바로잡기 위한 노력이 필요합니다.

선화의 난립을 막으려면, 본래 선화의 정신과 전통 선화의 기법을 전하려는 노력이 필요합니다. 선수행을 하며 선화를 정진의 방편으로 삼는 사람들이 있다면 가짜는 자연스럽게 정리될 겁니다. 저는 남은 여생을 선묵의 길을 가려는 선묵행자 양성에 보내고자 합니다. 진정한 선묵의 길을 회복하는 일이 저에게 남은 가장 중요한 일이 아닐까 합니다.

◆

우리의 전통미술이기도 한 선화가 특히 미래세대인 청년들에게 어떤 의미가 있을까요?

젊은 청년들에게는 혼탁한 사회생활에 들어가기 전에 바른 인생관을 세우는 것이 가장 중요한 일입니다. 선 공부는 빠른 시간에 올바른 인생관을 확립하는 데 가장 큰 도움을 줄 수 있습니다.

정신의 중심이 바로서야 세파에 흔들리지 않고 인생바다를 잘 건너갈 수 있기 때문입니다. 미술에 소질이 있거나 관심이 있는 사람은 선과 예술을 같이 할 수 있는 선화 배우기를 권합니다.

예술의 길은 열심히 하면 명예와 돈을 얻을 수 있으나 예도(선화)의 길은 영원한 생명과 행복을 얻을 수 있는 길입니다. 먼저 도(禪)에 대한 이해를 갖추고 수행자가 되어서 깨어있는 정신을 가져야 합니다. 그리고 묵을 연마하고 삼매(禪定)를 통해서 심성을 밝혀가다 보면 깨달음으로 가게 됩니다.

선기(순수에너지)와 묵이 하나가 되어 이루어진 선화는 이심전심으로 심성을 순화시켜 마음 밝히는 길로 가게 됩니다. 그 결과 최상의 정신적 에너지를 담은 예술작품을 창조하게 됩니다.

선화는 자신의 수행입니다. 구도자의 정신자세로 정진에 임해야 됩니다. 손재주에 목적을 두어서는 선화를 배우지 못합니다.

한산습득도

| 승도

| 한산습득도

◆━━━━━━

선묵 달마퍼포먼스는 무엇 때문에 하시는지요?

선묵 달마퍼포먼스는 일반 행위예술과는 차원이 다릅니다. 무엇을 상징하는 것도 아니고 그림 솜씨 자랑도 아니며, 어떤 관념을 전하는 것도 아니고 어떤 형상을 그리려는 목적도 아닙니다.

붓을 들었을 때 내가 사라지고 붓과 하나가 되는 것을 체험하게 됩니다. 무아 속에서 순수의식의 에너지를 대중과 함께 공유해 하나가 되는 심성정화의 방법입니다. 보는 대중이 빈 마음으로 퍼포먼스와 하나가 되면 순수에너지를 전달받으면서 순간적으로 심성정화가 이뤄집니다. 무아 상태의 붓질을 하기 위해서는 많은 참선과 붓의 수련 연마가 있어야 합니다.

◆━━━━━━

태국 국왕 80회 탄신기념 세계불교도대회를 개최하였을 때 큰스님이 초청되어 퍼포먼스를 하면서 한국불교의 선문화를 선양하셨다고 알고 있습니다. 그때 이야기를 들려주셨으면 합니다.

몇 년 전에 태국의 초청을 받아 세계 각국의 승려들, 태국 왕족, 태국의 미술가들이 모인 가운데 대형 달마도 퍼포먼스를 했습니다. 한국의 선불교 문화를 보여주고 박수를 받고 돌아온 적이 있습니다.

덕분에 태국 구경도 했어요. 태국 국민들은 국왕을 생불처럼 모시고 있었고, 거리 곳곳에 대형 국왕사진이 걸려 있는 것을 보았습니다. 또한 태국 수상이 스님들께 무릎을 굽혀서 인사하는 모습을 보고서 불교국가의 다른 모습을 보기도 했지요.

◆━━━━━━

　달마 퍼포먼스를 보면 다양한 문화예술 공연이 함께 합니다. 인연 맺은 분이 많으실 텐데 몇 분 소개를 부탁드립니다.

달마 퍼포먼스는 뉴욕에 있을 때 처음 시작했었지요. 그때 뉴욕대학 무용교수였던 이선옥 교수와 함께 선무용과 선음악, 선화가 만나는 퍼포먼스를 하게 됐어요. 귀국해서는 전시회 개막전 퍼포먼스를 비롯해 큰 행사의 식전 퍼포먼스를 같이 하면서 만난 인연들이 많습니다.

　그중에 몇 분을 소개하자면 목조각가인 박찬수(인간문화재, 목아박물관장) 선생, 춤으로 유명한 강만홍 교수(서울예술대학 연극영화학과), 임동창 피아니스트(작곡가), 국악 명창인 박윤초 명창(한국예술종합학교 교수), 고구려 음악의 유일한 전수자인 동해소리 효성스님, 무용학원 원장인 마야, 부산의 무용가 최윤자 선생과 심혜경 선생, 대금을 잘 부는 신현욱 풍류도 원장 등과 교류하고 있습니다. 모두 각자의 분야에서 최고의 경지에 오르신 분들입니다.

◆━━━━━━

　마지막으로, 미래의 불교를 이끌어갈 대학생불교연합회가 갈수록 침체되고 있는데 대불련 창립 초기회원이셨던 스님께서 느끼시는 감회와 젊은 불교가 살아나는 길에 대해서 한 말씀해 주셨으면 합니다.

선서

작년 어느 날, 선화에 대해 관심을 갖고 있던 불교여성개발원 정경연 회장과 대화를 하던 중, '홍익대 불교학생회의 불상을 오늘 철거하고 문을 닫았다'고 전해 들었습니다. 정 회장은 홍익대 후배로, 홍익대 교수이고 작가입니다. 그 소식이 내겐 '쾅' 하는 울림으로 다가왔습니다. 4학년 때, 불교에 관심 있는 학생들을 모아 개원법회를 열고 홍대 불교학생회를 만들고, 그해 2학기 때 나는 출가했지요. 벌써 50여년 전의 일입니다. 요사이 대불련이 침체되어 몇몇 학교의 불교학생회가 문을 닫았다는 말을 들었습니다. 불교에 관심 있는 젊은이들도 줄어들고 있다고 합니다. 내일의 불교 리더로 활동할 지성들이 불교를 외면한다는 것은 미래불교가 어둡다는 의미가 아닌가, 왜 이런 현상이 벌어지고 있는지 생각해보지 않을 수 없습니다.

나는 출가 후에는 참선수행과 선묵정진 이외의 다른 일에 관심을 쏟을 여유가 없었어요. 청년 불교도 잘 되어가고 있으리라 생각했는데 지금은 매년 내리막길을 걷고 있다고 하더군요. 종단에서 이 문제에 대해 관심을 더욱 가져달라고 부탁하고 싶습니다. 출가 승려들이 점점 줄어들어 옛날의 절반에도 미치지 못합니다. 청년 불교가 사라지면 이런 현상은 더욱 심화될 것은 불을 보듯 뻔합니다.

내 소견으로는 시대의식에 앞서지 못하고, 오히려 현대인의 인식에 비해 뒤떨어진 방법을 고집하는 불교가 결국 젊은이들이 겪는 고민, 정신적 문제를 해결하지 못하는 것이 원인이라고 봅니다. 과학문명의 발달로 세계는 이제 같은 정보를 실시간으로 공유하게 되고 물질문명도 급속히 발달하고 있지만 정신적인 면은 그 반대입니다. 인간성 상실로 인해 욕망과 갈등이 확산되고 있으며, 이기주의가 팽배하면서 정신적 스트레스가 육체적 질병으로 나타나고 있어요. 지구촌을 위기로 몰고 있는 것입니다.

이런 병폐를 해결하는 일은 인간성 회복밖에 없습니다. 인간성 회복을 위한 최선, 최고의 방법은 불교사상의 핵심인 선에 있습니다. 서구에서 선에 대한 붐이 일고 있는 것은 이런 이유라고 봅니다. 2,600년 역사를 지닌 불교사에서 우리는 가장 뛰어난 수행법을 지니고 있습니다. 활구 참선법이 그것입니다.

진리는 고금도, 원근도 없이 영원히 변함이 없습니다. 그러나 본래 진리의 바탕에서 일어나는 현상계는 한순간도 머물지 않고 변화하며 흘러갑니다. 그래서 인간의 마음도 시대에 따라, 지역에 따라 변화합니다. 옛날보다 훨씬 빠른 속도로 변화하지요. 그러기에 마음을 제도하는 방법 또한 변화해야 합니다. 그렇지 않으면 진리를 전달하지 못합니다.

선을 종지로 하는 한국 불교의 모습은, 추구하는 바와 정반대의 모습을 지니고 있어요. 대다수의 불자들이 기복을 위해 불교를 찾고 있습니다. 정법을 지니고 있는 불교가, 방편이던 미신적 기복신앙에 의존하고 있는 것이죠. 미신적 기복신앙은 불교가 아닙니다. 불교의 방편일 뿐이에요. 이런 유치한 불교의 단면만 본다면, 지성을 지닌 사람들이 어찌 불교를 선택할 수 있겠습니까?

세계는 과학이 발달하면서 인간의 의식도 함께 깨어가고 있습니다. 서구의 기성 종교 대신 불교를 통해 마음을 닦아 인간성을 회복하고자 하는 노력이 이어지고 있습니다. 우리도 시대에 맞지 않는 방편불교를 극복해야 합니다. 그리고 정법의 불교로 가야 하며, 그 시도는 대불련, 대불청 같은 청년 불교에서 시작되어야 합니다.

젊은 청년들을 불자로 만들기 위해서는 어려운 수행법을 강요하거

천년선화 달마도

나 지나치게 주장해서는 안 됩니다. 힐링명상 같은 쉬운 방법에서 답을 찾아야 합니다. 그런 방식을 통해 불교를 맛보게 하고, 현실의 문제를 해결하고, 점차 불교의 가르침으로 이끌어야 합니다. 젊은 청년들에 대한 지도 방법도 그와 같아야 합니다. 대불련은 마음공부를 통해 나의 정체성을 찾고 올바른 인생관을 세우고자 하는 청년들이 찾아옵니다. 그들에게 가장 먼저 제시해야 할 것은 그래서 명상 같은 마음공부입니다. 더불어 보살행의 실천을 통해 인생관과 불교관이 섰을 때, 스스로 깊은 불교 공부를 하게 될 것입니다.

대학은 가치관을 정립하는 가장 중요한 시기입니다. 학교에서 배우는 학문을 머리에 채워 넣는 것보다 수십 배 중요한 공부입니다. 이런 시기에 정신의 기초를 닦아주는 프로그램을 통해 청년들이 원하는 것을 채워준다면 학생회가 발전을 할 것입니다.

대불련의 성장은 곧 한국 불교의 앞날이라는 점에서, 종단은 대불련에 관심을 갖고 침체의 원인을 적극 찾아내 현대인에 맞는 수행법을 제시해야 합니다. 그래야 현실적으로 부딪치는 스트레스나 정신문제를 스스로 해결하는 힘을 기르면서 점차 깊은 심층으로 들어가게 되며, 이것이 생활화되어 살아갈 때 궁극의 깨달음으로 가게 될 것입니다.

누구나 할 수 있는 쉬운 명상 등을 방편으로 하여 대중화·생활화할 때 젊은 불자들이 모여들고 이럴 때 살아 있는 불교가 되리라고 생각합니다.

대학생 불교는 정치의 장도, 사교의 장소도, 취미 생활도 아니고, 나의 정체성을 찾아서 인생관을 바르게 정립하는 시점이고 장소입니다. 진리의 바탕 위에 인생관이 확립되었을 때 인생을 잘 살 수 있고, 영원한 행복의 길로 가게 되며, 이렇게 인생에서 가장 중요한 방향 설정을 할 수 있는 귀중한 단계임을 명심해야 합니다.

달마사 전경

펜을 놓으며

저 푸른 하늘에 한 조각의 구름이 피어났다 사라지듯이, 어디서 와서 어디로 가는 줄도 모르고, 우리는 인간으로 태어나서 일생 동안 열심히 살다 죽어간다. 타고난 모습도 다르고 소질과 성격도 제각기 다르지만, 모두가 좀 더 행복한 삶을 위해 최선을 다하기 마련이다.

그러나 평생토록 쌓아올린 애정, 재물, 명예, 권력은 죽음 앞에서 한 조각 꿈처럼 사라져 버리고 만다. 그래서 사람들은 죽음이 올까 두려움에 몸서리친다. 죽음의 공포가 목덜미를 쥐고 있는 한, 인간은 완전한 행복과 평화를 누릴 수가 없다. 이렇듯 인생의 가장 큰 문제인 생사 문제를 해결하기 위해 종교 수행이 필요한 것이다.

불자들은 두려움과 괴로움 없이 영원히 행복하게 살기 위해서 부처님에 의지한다. 특히 의식이 성숙하고 적극적인 사람은 세상의 모든 것을 뒤로 하고 삭발 입산하여 고독한 수행자의 길을 걷는다. 궁극의 해결의 길은 깨달음에 있다. 깨달음에 대한 발심이 일어나면 아무도 못 말린다. 산 속으로 숨어들어가 죽을 각오로 정진하면서 구도의 여정이 시작된다.

출가는 언제 하는가? 그대가 아직도 오욕락五欲樂의 모래성 쌓기에 열중하고 있다면 집으로 돌아갈 생각 따윈 하지 않을 것이다. 모래성 쌓기에 싫증이 나거나 배가 고프게 되면 비로소 우리는 집으로 발길을 돌린다. 출가 역시 마찬가지다. 어떤 계기를 통해서 인생의 무상함을 절실히 느꼈을 때 괴로움 없는 평안하고 영원한 집을 찾게 된다. 출가란 진정한 행복과 평안을 찾아서, 고향을 찾아 구도의 길을 가는 것과 같다.

깨달음은 모든 고통의 뿌리이자 번뇌의 근원인 집착을 잘라 버리고 해탈을 가져다준다. 그리고 해탈은 알음알이로는 도달할 수 없는 경지다. 그곳은 모든 생각이 멈춘 곳이기에 따로 부처가 없고 중생도 없다. 생각 이전의 자리 그곳엔 주객도 없고 어떤 형상도 없다. 시간도 공간도 없고, 태어남도 죽음도 없다. 그러므로 근심과 번뇌도 없다. 결국 한 생각도 없는 자리가 그대의 고향이다. 이러한 무심無心에 대해 통찰하게 되면, 그대는 평생 동안 사방을 돌아다녀도 한 순간도 그대의 고향을 떠난 적이 없음을 알게 될 것이다. 곧 깨달음이란 그대가 한 순간도 그대의 집을 떠난 적이 없음을 확인하는 것이다. 그것만 깨닫게 되면 모든 근심이 사라진다. 그래서 모두가 본래 성불이라고 하는 것이다.

삶의 고통은 어디서 오는가? 그 근원의 뿌리를 찾아서 잘라 버린다면 고통에서 벗어날 수 있다. 모든 고통은 가짜 나를 진짜 나로 착각하고 집착하는 데서 생기는 것이다. 진짜 내가 살고 있다면 참나를 찾을 필요가 있겠는가? 거짓 나가 무언인지를 알고 거짓 나로 살고 있다는 것

동판 천년선화 산수만행도

을 성찰할 때, 마침내 참나를 찾을 수 있는 필요성과 가능성이 있는 것이다. 가짜 나인 아상(我想, 에고)은 내가 태어날 때부터 있었던 내가 아니다. 살아오면서 몸과 생각과 느낌을 나我로 동일시함에 따라서 착각으로 만들어진 허깨비다. 형상 없는 소소영영한 참나를 잊어버리고 생각이 만든 허상인 가짜 나에 집착하여, 오랜 세월 살아오면서 탐진치貪瞋癡 무명심으로 오욕락을 추구하는 중생의 업을 쌓아 왔던 것이다.

마음은 고정된 형상도 실체도 없다. 그래서 찾아보면 찾을 수 없다. 생각이 멈추면 마음도 없고 나도 없다. 나도 마음도 생각이 만들어 내는 환상이기 때문이다. 모든 인생의 고통도 이 환영에서 비롯되는 것이다. 단언컨대 나도 없고 마음도 없다. 오직 순수한 의식만이 존재한다. 아무것도 없는 하얀 스크린에 인생의 천태만상이 나타나는 영화처럼, 이 형상 없는 의식 안에 만법萬法이 피어난다. 이 단순한 진리가 그대를 고통에서 해방시킨다.

나의 본성을 확인하라. 자존의 욕구와 자기실현의 욕구는 인간에게만 나타난다. 동물들에게는 없다. 높은 차원의 욕망은 의식이 스스로를 자각할 수 있어야만 하기 때문이다. 인간은 의식이 생각으로 변화되면서 생각 자체를 자신으로 인식하는데, 일종의 착시 현상에서 아상我想이 생겨나게 된다. 아상의 탄생으로 자존의 욕구가 변질되어 근본인 의식 자체는 잊히고 의식이 작용인 생각을 자신으로 동일시하게 된다. 아상은 홀로 자족할 수 없기 때문에 대상에 집착한다. 물질에 대한 욕망, 명예욕, 권력욕이 여기서 생겨난다. 아상은 실체가 아니고 허상이기 때문에 만족을 모르고 끝없이 욕망하기만 한다. 그리고 욕망으로부터 번뇌망상이 끝없이 일어나게 된다. 깨달음이란 이 같은 의식의 착각 현상을 바로 잡는 것이다. 자기의 동일성을 아상에서 의식 자체로 되돌리는 것이다. 아상我想이 본래부터 허상임을 바로 보는 것이다.

의식의 착시현상을 바로잡고 의식 자체에 초점을 맞추게 되면 아상我想이 갈망하는 욕망은 자연스럽게 사라진다. 욕망이 소멸하면 생각(번뇌망상)도 일어나지 않게 된다. 아상이 허상임을 알기 때문에 존재 자체만을 긍정하면서 마음은 고요하고 평온해진다.

인간에게 진정한 자기실현은 깨달음밖에 다른 길이 없다. 궁극적인 자기실현은 깨달음이다. 깨달음은 특이하고 신비한 그 무엇이 아니라, 인류의 심성 안에 보편적이고 공통적으로 내재되어 있다. 깨달음은 생각과 개념(이성)으로 해결할 수 없는 문제를 해결할 수 있는 길이다. 깨달음은 기성 종교의 차원을 넘어 모든 종교를 하나로 통합할 수 있는 심층 종교이다.

그대는 그대 스스로에게 건 망념에 걸려 엉뚱한 환상에 사로잡혀 두려워하고 고통 받고 있다. 스스로 마신 마약의 도취에서 깨어나 진정한 나를 깨닫게 되면 진정한 삶이 무엇인지 알게 될 것이다.

욕망을 아무리 채워도 채워지지 않는다면, 내면의 방황을 멈추고 집으로 돌아갈 때가 된 것이다. 삶은 끊임없이 내면의 허기와 불안을 일으킴으로써 어서 본성을 깨우치라는 신호를 보내고 있다. 언제까지나 욕망의 환상을 추구하면서 내면 본성에서 보내는 깨달음의 초대를 외면할 것인가?

바다 속에 살고 있는 물고기가 물을 찾아서 헤맨다면, 그 물고기는 자신이 물속에 있다는 것을 깨닫기 전까지는 물에 대한 갈증에서 벗어날 수 없을 것이다. 그 물고기는 바로 그대이다. 그대 또한 본성을 깨닫지 못한다면 갈망과 번뇌로 방황을 멈추지 못할 것이다. 그대는 셀수 없는 과거의 생부터 지금 이생까지 잠시도 본성을 떠나본 적이 없다는 것을 깨달아야 한다.

욕망의 충족은 필연적으로 결핍을 부른다. 본성에 대한 통찰 없이는 아무리 욕망을 끊으려 해야 끊을 수 없다. 다만 그대가 본성을 확실히 확인하면 자연스럽게 사라져 버린다. 그대 또한 깨달음 속에서 태어났으며 깨달음을 떠나서 살 수 없다. 그대가 바로 깨달음이기 때문이다. 그대는 다만 이 사실을 모르고 있을 뿐이다. 분노와 좌절, 헛된 열망, 끝없는 갈증과 방황은 모두 이 같은 무지에서 비롯됨을 알아야 한다.

헛된 이름과 모양의 환상을 쫓아서 끝없이 헤맨다면 그대는 절망과 한탄으로 두려움 속에서 죽음을 맞이할 것이다. 그렇기 때문에 그대는 깨달아야 하는 것이다. 끊임없이 바깥을 기웃거리며 탐하는 마음은 그대에게 감옥이다.

그것은 그대 자신이 스스로 자초한 생각의 감옥이다. 그대는 스스로 만든 감옥 속에서 자유를 갈망하며 해탈을 추구하고 있다. 그러나 이

상향으로서의 자유는 실재로 존재하지 않는다. 꿈속의 감옥은 꿈에서 깨어나면 사라지는 법이다. 애당초 감옥 같은 것은 존재하지 않았다. 그러나 꿈에서 깨기 전까지는 마치 실재인 듯 여겨지고 그래서 고통을 받는다. 그것이 꿈인 줄 모르기 때문에 괴로워한다.

인생도 이와 똑같다. 마음과 생각과 느낌으로 이루어진 세계는 꿈과 같다. 마음은 눈을 뜨고 꾸는 꿈이다. 그대가 꿈에서 깨어나기 전에는 아무리 발버둥쳐도 마음 감옥에서 벗어날 수 없다. 그대의 삶도 끝내 고통에서 벗어날 수 없다. 깨달음은 눈을 뜨고 꾸는 꿈에서 깨어나는 것이다. 깨어날 때 눈앞의 세계도 사라진다. 그때 그대가 확인하는 것은 나도 세계도 안도 밖도 없는 이름 붙일 수 없는 전체 하나뿐인 의식뿐이다. 언제나 눈앞에 홀로 뚜렷한 밝음, 그것이 그대이다. 그것이 그대의 진정한 정체성인 참나이며 본래면목本來面目이다. 그대가 참나를 알게 되는 것이 바로 마음 감옥에서 빠져 나오는 길이다. 마음 감옥에서 벗어나는 다른 길은 없다.

현상계의 생각과 감정으로 이루어진 세계는 꿈과 같다. 그 꿈에서 깨어나기 전에는 마음 감옥에서 벗어날 수 없다. 그대의 삶도 끝내 고통에서 벗어날 수 없다. 깨달음은 마음 눈을 뜨고 꾸는 꿈에서 깨어나는 것이다. 진짜 자신이 무엇인지를 밝히는 것이 깨달음이다. 자신이 무엇인지를 모르는 것이 근본 무명이며, 참나를 잊어버린 것이 원죄이다. 이 무지함 때문에 끝없는 고통의 윤회의 바퀴는 끝없이 굴러가게 된다. 그대는 생각을 자신으로 알고 있다. 그러나 본래의 나는 생각이 일어나기 전의 자리다. 참나는 수행을 통해서 완성되는 것이 아니다.

천년선화 달마도

본래부터 원만하게 이루어져 있는 그대의 본래 정체성이다.

본성을 확인하면 아상我想에서 해방된다. 이 자리가 확인되지 않으면 그대는 망상과 번뇌에서 헤어나지 못한다. 그래서 삶이 괴롭고 고통스럽다. 지금 쓰고 있는 마음이 참나이다. 깨달음은 그대 존재 전체의 질적인 변화를 가져다준다. 깨달음을 확인하면 그대는 더 이상 생로병사에 묶인 중생이 아니다. 망상조차도 실상이며, 존재하는 모든 것이 실상으로 진리 아님이 없다.

내가 끌고 다니는 이 몸이 작용이 멈추고 무너지는 것을 죽음이라고 한다. 개인적으로 죽음의 경계선 가까이까지 갔던 경험이 있다. 죽음은 어느 순간에 어디서 기다리고 있는지 모른다. 최소한 몇 년은 보장되어 있는 것처럼 믿고 살아가고 있는 것이 잘못되었음을 깨닫게 되었다. 언제 어디서 대면하더라도 준비되어 있는 사람은 웃으며 죽음과 악수를 할 수 있다. 현실의 삶에 집착이 많을수록 떠날 때는 괴로움이 비례해서 고통스럽다.

아상我想은 무명無明으로 인해서 내 생각으로 만들어진 허상이다. 모든 집착의 근본이요, 고통의 원천이다. 본래면목本來面目이 아상에 가리면 중생이요. 아상이 사라지면 본래 부처다. 무명으로 인해서 육체를 나와 동일시할 때 육체는 내가 되고 죽음의 공포가 생기게 된다.

물론 아상은 실체가 없는 것이지만 삶을 살아가는 데는 필요한 것이다. 게임놀이를 할 때 내가 조정하는 형상의 인물이 있듯이 내가 아상을 컨트롤해야 한다. 착각으로 아상을 나와 동일시하게 되면 문제가 생긴다. 인생의 모든 문제가 여기서 벌어지게 된다. 아상은 살아오면서 나의 생각으로 만들어진 이미지이다. 이 세상을 살아가는데 필요하긴 하나, 계속해서 번민을 유발하는 허상의 가짜 나이다. 죽음이란 육체가 사라지는 것이요. 감각, 생각, 느낌이 사라지며 가짜 나(아상)가 사라지는 것이지 진짜 나인 의식이 사라지는 것이 아니다.

모든 사람이 생각으로 만들어 놓은 자기만의 환상의 세계 속에 살고 있다. 나라는 것도 생각이요. 죽음이라는 것도 생각이다. 생각으로 만들어진 것은 실체가 아니고 환상이기에 몸이 사라지면 따라서 사라진다. 생각을 일으켜 환상을 만든 생각 이전의 자리는 사라지지 않는다. 죽음도 태어남도 생각이다. 한 생각 일어나기 전이 진짜 나의 실체인 순수의식이다. 이것을 확인하면 참나와 아상을 동일시했던 것이 착각임을 깨닫고 동시에 죽음의 공포는 일시에 사라지게 된다. 생사가 있어서 해탈하는 것이 아니라 본래 생사 없음을 확인하는 것이다. 생각의 놀음에서 벗어나는 것이다. 그래서 생각이 끊어지는 것이 묘한 깨달음을 보는 길이다.

죽음을 준비한다고 유언장을 미리 쓰는 것은 심리적인 위안을 줄지 모르지만 죽음을 맞이하는 근본적인 해결책은 되지 못한다. 아상에 대한 망념에서 벗어나면 죽음은 존재하지 않는다. 생사가 본래 없음을 깨달아 아는 것이야말로 죽음이 가까이 다가온 사람이 준비해야 할 확실하고 근본적인 대책이다. 생각이 없는 깨어 있음 속에서 죽음을 맞이하여야 한다.

날마다 기쁜 날이 되소서

포대화상도

화두 일념 상태에서 죽음의 경계선을 넘어가야 한다. 그렇지 못하고 집착이 남아 한 생각 망상이 일어나면 그 망상에 끌려서 윤회의 바퀴 속에 빠져 돌아가게 된다. 생사일대사를 해결하기 위해 평생 수행하는 힘을 발휘할 수 있는 정점이다. 한 생각 일어나기 전 본래면목을 이해하고, 확철히 보고 하나가 되는 것이 구도 여정의 목적지가 아닌가. 그대 안에서 태어나지도 죽지도 않고 변하지 않는 것이 무엇인가 찾아야 할 것이다. 그것이 진정 영원히 사라지지 않는 본래의 그대이기 때문이다.

죽음에 당해서 일체 생각이 붙지 않는 깨어 있음의 상태로 넘어가야 한다. 깨어 있음은 오는 것도 가는 것도 없다. 오직 환상 없는 깨어 있음만이 존재하는 것이다. 육도의 환상세계에서 벗어나는 것만이 영원히 대자유인이 되는 것이다. 그래서 의단독로疑團獨露가 깨어 있음이다. 죽음을 당해서 의단 속에 깨어 있어야 한다. 죽음 전에 집착과 원한, 미련, 인연의 세상사를 깨끗이 정리하면 망상의 원인이 없어지고 깨어 있는 데 장애물이 없어지게 된다.

회고록을 쓰는 취지도 과거의 기억들을 더듬어 회상해서 잘못 살아온 것은 진심으로 참회하고, 좋은 인연들에 감사하며, 한 생의 삶을 정리하고 지워 버리기 위함이다. 여러 구도자들의 길은 근기, 성격, 성질에 따라서 다르다.

불교는 수행이다. 수행을 하는 것은 나의 정체성인 무심을 깨닫기 위함이다. 곧 마음이 비어 있음을 아는 것이다. 나라고 믿고 사는 아상은

허상임을 알게 되어 참나를 아는 것은 개체의식에서 전체의식으로의
인식의 전환이 된다. 곧 전체가 본래의 참나임을 깨닫게 된다. 아는 것
에 그쳐선 안 된다. 깨달음은 전체를 위해서 사는 실천으로 연결되어
야 한다. 이 몸을 도구로 사용해서 인생을 인간답게 잘 살아가는 길이
기 때문이다. 참나를 바로 알아야 참되게 바로 살 수 있기 때문이다.

한바탕의 인생의 연극무대에서 누구나 똑같은 본성의 조명 아래 자신
의 역할을 열심히 연기하면서 살아간다. 선묵승으로서 붓을 들고 나를
주시하며 살아가는 것이 나의 역할이기에 인연 따라 정성껏 도우면서
나의 소임 역할에 최선을 다할 것이다. 붓을 들 수 있는 힘이 남아 있
는 날까지 이렇게 살아갈 것이다. 이 생의 막이 내릴 때까지……

과거, 미래는 생각이다. 생각이 멈춘 지금 여기만이 영원이다.

"범주야!"
"예."
"정신차려!"

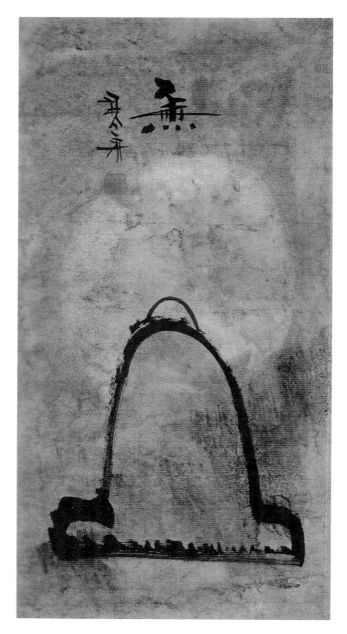

천년선화 달마도

범주梵舟 스님

1966년 홍익대학교 미술대학 4학년 때 전강선사 문하에 입산, 10여
년 동안 전국 선원에서 참선 정진하였으며, 이후 미국으로 건너가 숭
산 스님을 모시고 LA달마사 주지 등 10여년 간 해외 포교활동을 하
였다.

1989년 귀국 후 속리산에 토굴을 짓고 선묵일여禪墨一如를 위한 정진
과 선묵을 통한 포교활동을 펼쳐, 국내 자선전 20회와 초대전 5회,
해외 초대전 8회 등 활발히 활동하고 있다. 2011년에는 각고의 노력
끝에 옻칠선묵화의 시연에 성공, 선화의 맛과 품격, 보존성을 획기적
으로 올려놓았다. 또한 미국 포교시 뉴욕에서의 선 퍼포먼스를 시작
으로 2006년 부산 APEC 세계 정상 영부인 초청 퍼포먼스(범어사) 등
30여 회에 달하는 국내외 퍼포먼스를 통해 선문화와 선묵의 세계를
대중에 선보였다.

현대미술 공모전 심사위원(선묵화, 불화), 국전(대한민국예술대전) 운영
위원 및 심사위원(선묵화) 등을 역임하였으며, 현재는 선문화예술원
(달마선원) 원장 소임을 맡고 있다.

나를 찾아 붓길을 따라서

초판 1쇄 인쇄 2015년 7월 29일 | 초판 1쇄 발행 2015년 8월 7일
글·그림 범주 | 펴낸이 김시열
펴낸곳 도서출판 운주사
　　　(136-034) 서울시 성북구 동소문로 67-1 성심빌딩 3층
　　　전화 (02) 926-8361 | 팩스 0505-115-8361
ISBN 978-89-5746-433-5　03220　값 20,000원
http://cafe.daum.net/unjubooks 〈다음카페: 도서출판 운주사〉